少年读儒家经典

少年读传习录

姜忠喆　主编

民主与建设出版社
·北京·

© 民主与建设出版社，2020

图书在版编目（CIP）数据

少年读传习录 / 姜忠喆主编 . ‒‒ 北京 : 民主与建设
出版社，2020.7
（少年读儒家经典；6）
ISBN 978-7-5139-3075-8

Ⅰ . ①少… Ⅱ . ①姜… Ⅲ . ①心学－中国－明代－少
年读物 Ⅳ . ① B248.2-49

中国版本图书馆 CIP 数据核字（2020）第 102437 号

少年读传习录
SHAONIAN　DU CHUANXI LU

主　　编	姜忠喆
责任编辑	刘树民
总 策 划	李建华
封面设计	黄　辉
出版发行	民主与建设出版社有限责任公司
电　　话	（010）59417747　59419778
社　　址	北京市海淀区西三环中路 10 号望海楼 E 座 7 层
邮　　编	100142
印　　刷	三河市燕春印务有限公司
版　　次	2020 年 8 月第 1 版
印　　次	2020 年 8 月第 1 次印刷
开　　本	850mm×1168mm　1/32
印　　张	5 印张
字　　数	121 千字
书　　号	ISBN 978-7-5139-3075-8
定　　价	198.00 元（全六册）

注：如有印、装质量问题，请与出版社联系。

　　《传习录》，是中国明代哲学家、心学的代表人物王守仁所作。此书记载了他的语录和论学书信。

　　王守仁（1472~1528），中国明代哲学家、教育家、军事家、文学家。字伯安，浙江余姚人。因筑室会稽阳明洞，自号阳明子，世称阳明先生。

　　《传习录》是王阳明的问答语录和论学书信集。是一部儒家有代表性的哲学著作。不但全面阐述了王阳明的思想，也体现了他辩证的授课方法，以及生动活泼、善于用譬、常带机锋的语言艺术。

　　《传习录》包括了王学所有重要观点。上卷阐述了知行合一、心即理、心外无理、心外无物、意之所在即是物、格物是诚意的功夫等观点，强调圣人之学为身心之学，要领在于体悟实行，切不可把它当作纯知识，仅仅讲论于口耳之间。中卷有书信八篇。回答了对于知行合一、格物说的问难之外，还谈了王学的根本内容、意义与创立王学的良苦用心；讲解致良知大意的同时，也精彩地解释了王学宗旨；回答了他们关于本体的质疑并且针对各人具体情况指点功夫切要。另有两篇短文，阐发阳明的教育思想。下卷的主要内容是致良知，阳明结合自己纯熟的修养功夫，提出本体功夫合一、满街都是圣人等观点，尤其引人注目的是四句教，它使王学体系齐备。

王阳明的"心即理"、"致良知"、"知行合一"都是要强调道德的自觉和主宰性。他说："知是理之灵处，就其主宰处说便谓之心，就其禀赋处说便谓之性。人心能够知晓行为的善恶，也能自觉地去为善，这就是本心的"明觉"，这是对程颢思想的发展。《传习录》中对人心的"虚灵明觉"有很多讨论。若要全面正确地把握王阳明"心外无理"及其他学说，深入地研究他的这些讨论是十分必要的。正因为人心的本质是理，并且人能自觉到这种道德意识，所以人不需通过外物去认识本心之理，外物之理只是人心的表现。格致的工夫不是去认识外物，而是去掉本心的私欲之蔽。

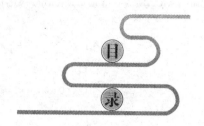

《传习录》上

徐爱录①

原 文

先生于《大学》"格物"诸说，悉以旧本为正，盖先儒所谓误本者也。爱始闻而骇，既而疑，已而殚精竭思，参互错综，以质于先生，然后知先生之说，若水之寒，若火之热，断断乎百世以俟圣人而不惑者也。先生明睿天授，然和乐坦易，不事边幅。人见其少时豪迈不羁，又尝泛滥于词章，出入二氏之学，骤闻是说，皆目以为立异好奇，漫不省究。不知先生居夷三载，处困养静，精一之功，固已超入圣域，粹然大中至正之归矣。

爱朝夕炙门下，但见先生之道，即之若易，而仰之愈高；见之若粗，而探之愈精，就之若近，而造之愈益无穷。十余年来，竟未能窥其藩篱。世之君子，或与先生仅交一面，或犹未闻其謦欬，或先怀忽易愤激之心，而遽欲于立谈之间，传闻之说，臆断悬度。如之何其可得也？从游之士，闻先生之教，往往得一而遗二。见其牝牡骊黄而弃其所谓千里者。故爱备录平日之所闻，私以示夫同志，相与考而正之，庶无负先生之教云。门人徐爱书。

1

爱问："'在亲民'，朱子谓当作'新民'。后章'作新民'之文似亦有据。先生以为宜从旧本作'亲民'，亦有所据否？"

先生曰："'作新民'之'新'是自新之民，与'在新民'之'新'不同，此岂足为据？'作'字却与'亲'字相对，然非'新'字义。下面'治国平天下'处，皆于'新'字无发明，如云'君子贤其贤而亲其亲，小人乐其乐而利其利'；'如保赤子'；'民之所好好之，民之所恶恶之，此之谓民之父母'之类，皆是'亲'字意。'亲民'犹如《孟子》'亲亲仁民'之谓，'亲之'即'仁之'也。'百姓不亲'，舜使契为司徒，'敬敷五教'，所以亲之也。《尧典》'克明峻德'便是'明明德'。'以亲九族'至'平章'、'协和'，便是'亲民'，便是'明明德于天下'。又如孔子言'修己以安百姓'，'修己'便是'明明德'，'安百姓'便是'亲民'。说'亲民'便是兼教养意，说'新民'便觉偏了。"

爱问："'知止而后有定'，朱子以为'事事物物皆有定理'，似与先生之说相戾。"

先生曰："于事事物物上求至善，却是义外也。至善是心之本体，只是'明明德'到'至精至一'处便是，然亦未尝离却事物，本注所谓'尽夫天理之极，而无一毫人欲之私'者得之。"

爱问："至善只求诸心，恐于天下事理，有不能尽。"

先生曰："心即理也。天下又有心外之事，心外之理乎？"

爱曰："如事父之孝，事君之忠，交友之信，治民之仁，其间有许多理在，恐亦不可不察。"

先生叹曰："此说之蔽久矣，岂一语所能悟？今姑就所问者言之。且如事父，不成去父上求个孝的理；事君，不成去君上求个忠的理；交友、治民，不成去友上、民上求个信与仁的理。都只在此心。心即理也。此心无私欲之蔽，即是天理，不须外面添一分。以此纯乎天理之心，发之事父便是孝，发之事君便是忠，发之交友、治民便是信与仁。只在此心去人欲、存天理上用功便是。"

爱曰："闻先生如此说，爱已觉有省悟处。但旧说缠于胸中，尚有未脱然者。如事父一事，其间温凊定省之类，有许多节目，不亦须讲求否？"

先生曰："如何不讲求？只是有个头脑，只是就此心去人欲、存天理上讲求。就如讲求冬温，也只是要尽此心之孝，恐怕有一毫人欲间杂；讲求夏凊，也只是要尽此心之孝，恐怕有一毫人欲间杂；只是讲求得此心。此心若无人欲，纯是天理，是个诚于孝亲的心，冬时自然思量父母的寒，便自要去求个温的道理；夏时自然思量父母的热，便自要去求个凊的道理。这都是那诚孝的心发出来的条件。却是须有这诚孝的心，然后有这条件发出来。譬之树木，这诚孝的心便是根，许多条件便是枝叶，须先有根，然后有枝叶，不是先寻了枝叶，然后去种根。《礼记》言：'孝子之有深爱者，必有和气；有和气者，必有愉色；有愉色者，必有婉容。'须是有个深爱做根，便自然如此。"

郑朝朔问："至善亦须有从事物上求者？"

先生曰："至善只是此心纯乎天理之极便是，更于事物上怎生求？且试说几件看。"

朝朔曰："且如事亲，如何而为温凊之节，如何而为奉养之宜，须求个是当，方是至善。所以有学问思辩之功。"

先生曰："若只是温凊之节、奉养之宜，可一日二日讲之而尽，用得甚学问思辩？惟于温凊时也只要此心纯乎天理之极；奉养时也只要此心纯乎天理之极，此则非有学问思辩之功，将不免于毫厘千里之谬。所以虽在圣人，犹加'精一'之训。若只是那些仪节求得是当，便谓至善，即如今扮戏子，扮得许多温凊奉养的仪节是当，亦可谓之至善矣。"

爱于是日又有省。

爱因未会先生"知行合一"之训，与宗贤、惟贤往复辩论，未能决，以问于先生。先生曰："试举看。"

爱曰："如今人尽有知得父当孝、兄当弟者，却不能孝、不能弟，便是知与行分明是两件。"

先生曰："此已被私欲隔断，不是知行的本体了。未有知而不行者。知而不行，只是未知。圣贤教人知行，正是要复那本体，不是着你只恁的便罢。故《大学》指个真知行与人看，说'如好好色，如恶恶臭'。见好色属知，好好色属行。只见那好色时已自好了，不是见了后又立个心去好。闻恶臭属知，恶恶臭属行。只闻那恶臭时已自恶了，不是闻了后别立个心去恶。如鼻塞人虽见恶臭在前，鼻中不曾闻得，便亦不甚恶，亦只是不曾知臭。就如称某人知孝、某人知弟，必是其人已曾行孝行弟，方可称他知孝知弟，不成只是晓得说些孝弟的话，便可称为知孝弟。又如知痛，必已自痛了方知痛；知寒，必已自寒了；知饥，必已自饥了。知行如何分得开？此便是知行的本体，不曾有私意隔断的。圣人教人，必要是如此，方可谓之知。不然，只是不曾知。此却是何等紧切着实的功夫！如今苦苦定要说知行做两个，是甚么意？某要说做一个，是甚么意？若不知立言宗旨，只管说一个两个，亦有甚用？"

爱曰："古人说知行做两个，亦是要人见个分晓，一行做知的功夫，一行做行的功夫，即功夫始有下落。"

先生曰："此却失了古人宗旨也。某尝说知是行的主意，行是知的功夫；知是行之始，行是知之成。若会得时，只说一个知，已自有行在；只说一个行，已自有知在。古人所以既说一个知又说一个行者，只为世间有一种人，懵懵懂懂的任意去做，全不解思惟省察，也只是个冥行妄作，所以必说个知，方才行得是。又有一种人，茫茫荡荡悬空去思索，全不肯着实躬行，也只是个揣摸影响，所以必说一个行，方才知得真。此是古人不得已补偏救弊的说话，若见得这个意时，即一言而足，今人却就将知行分作两件去做，以为必先知了，然后能行。我如今且去讲习讨论做知的功夫，待知得真了，方去做行的功夫。故遂终身不行，亦遂终身不知。此不是小病痛，其来已非一日矣。某今说个知行合一，正是对病的药。又不是某凿空杜撰，知行本体原是如此。今若知得宗旨时，即说两个亦不妨，亦只是一个。若不会宗旨，便说一个，亦济得甚事？只是闲说话。"

爱问："昨闻先生'止至善'之教，已觉功夫有用力处。但与朱子'格物'之训，思之终不能合。"

先生曰："'格物'是'止至善'之功，即知'至善'即知'格物'矣。"

爱曰："昨以先生之教推之格物之说，似亦见得大略。但朱子之训，其于《书》之'精一'，《论语》之'博约'，《孟子》之'尽心知性'，皆有所证据，以是未能释然。"

先生曰："子夏笃信圣人，曾子反求诸己。笃信固亦是，然不如反求之切。今既不得于心，安可狃于旧闻，不求是当？就如朱子，亦尊信程子，至其不得于心处，亦何尝苟从？'精一'、'博约'、'尽心'本自与吾说吻合，但未之思耳。朱子'格物'之训，未免牵合附会，非其本旨。精是一之功，博是约之功。曰仁既明知行合一之说，此可一言而喻。'尽心、知性、知天'是'生知安行'事；'存心、养性、事天'是'学知利行'事。'夭寿不贰，修身以俟'是'困知勉行'事。朱子错训'格物'，只为倒看了此意，以'尽心知性'为'物格知至'，要初学便去做'生知安行'事，如何做得？"

爱问："'尽心知性'何以为'生知安行'？"

先生曰："性是心之体，天是性之原，尽心即是尽性。'惟天下至诚为能尽其性，知天地之化育'，存心者，心有未尽也。知天，如知州、知县之'知'，是自己分上事，已与天为一；事天，如子之事父，臣之事君，须是恭敬奉承，然后能无失，尚与天为二，此便是圣贤之别。至于'夭寿不贰'其心，乃是教学者一心为善，不可以穷通夭寿之故，便把为善的心变动了。只去修身以俟命，见得穷通寿夭有个命在，我亦不必以此动心。'事天'虽与天为二，已自见得个天在面前；'俟命'便是未曾见面，在此等候相似。此便是初学立心之始，有个困勉的意在。今却倒做了，所以使学者无下手处。"

爱曰："昨闻先生之教，亦影影见得功夫须是如此。今闻此说，益无可疑。爱昨晚思'格物'的'物'字即是'事'字，皆从心上说。"

先生曰："然。身之主宰便是心，心之所发便是意，意之本体便是知，意之所在便是物。如意在于事亲，即事亲便是一物；意在于事君，即事君便是一物；意在于仁民爱物，即仁民爱物便是一物；意在于视听言动，即视听言动便是一物。所以某说无心外之理，无心外之物。《中庸》言'不诚无物'，《大学》'明明德'之功，只是个诚意，诚意之功，只是个格物。"

先生又曰："'格物'如《孟子》'大人格君心'之'格'，是去其心之不正，以全其本体之正。但意念所在，即要去其不正以全其正，即无时无处不是存天理，即是穷理。'天理'即是'明德'，穷理即是'明明德'。"

又曰："知是心之本体，心自然会知。见父自然知孝，见兄自然知弟，见孺子入井自然知恻隐，此便是良知，不假外求。若良知之发，更无私意障碍，即所谓'充其恻隐之心，而仁不可胜用矣'。然在常人，不能无私意障碍，所以须用'致知''格物'之功。胜私复理，即心之良知更无障碍，得以充塞流行，便是致其知。知致则意诚。"

爱问："先生以'博文'为'约礼'功夫，深思之未能得，略请开示。"

先生曰："'礼'字即是'理'字。'理'之发见可见者谓之'文'；'文'之隐微不可见者谓之'理'，只是一物。'约礼'只是要此心纯是一个天理。要此心纯是天理，须就'理'之发见处用功。如发见于事亲时，就在事亲上学存此天理；发现于事君时，就在事君上学存此天理；发见于处富贵、贫贱时，就在处富贵、贫贱上学存此天理；发见于处患难、夷狄时，就在处患难、夷狄上学存此天理。至于作止语默，无处不然，随他发见处，即就那上面学个存天理。这便是'博学之于文'，便是'约礼'的功夫。'博文'即是'惟精'，'约礼'即是'惟一'。"

爱问："'道心常为一身之主，而人心每听命。'以先生'精一'之训推之，此语似有弊。"

先生曰："然。心一也，未杂于人谓之道心，杂以人伪谓之人心。人心之得其正者即道心，道心之失其正者即人心，初非有二心也。程子谓'人心即人欲，道心即天理'，语若分析而意实得之。今曰'道心为主，而人心听命'，是二心也。天理人欲不并立，安有天理为主，人欲又从而听命者？"

爱问文中子、韩退之。先生曰："退之，文人之雄耳。文中子，贤儒也。后人徒以文词之故，推尊退之，其实退之去文中子远甚。"

爱问："何以有拟经之失？"

先生曰："拟经恐未可尽非。且说后世儒者著述之意，与拟经如何？"

爱曰："世儒著述，近名之意不无，然期以明道。拟经纯若为名。"

先生曰："著述以明道，亦何所效法？"

曰："孔子删述'六经'，以明道也。"

先生曰："然则拟经独非效法孔子乎？"

爱曰："著述，即于道有所发明。拟经，似徒拟其迹，恐于道无补。"

先生曰："子以明道者，使其反朴还淳而见诸行事之实乎？抑将美其言辞而徒以诳诳于世也？天下之大乱，由虚文胜而实行衰也。使道明于天下，则'六经'不必述。删述'六经'，孔子不得已也。自伏羲画卦，至于文王、周公，其间言《易》，如《连山》、《归藏》之属，纷纷籍籍，不知其几，《易》道大乱。孔子以天下好文之风日盛，知其说之将无纪极，于是取文王、周公之说而赞之，以为惟此为得其宗。于是纷纷之说尽废，而天下之言《易》者始一。《书》、《诗》、《礼》、《乐》、《春秋》皆然。《书》自《典》、《谟》以后，《诗》自《二南》以降，如《九丘》、《八索》，一切淫哇逸荡之词，盖不知其几千百篇；《礼》、《乐》之名物度数，至是亦不可胜穷。孔子皆删削而述正之，然后其说始废。如《书》、《诗》、《礼》、《乐》中，孔子何尝加一语？今之《礼记》诸说，皆后儒附会而成，已非孔子之旧。至于《春秋》，虽称孔子作之，其实皆鲁史旧文。所谓'笔'者，笔其旧；所谓'削'者，削其繁，是有减无增。孔子述'六经'，惧繁文之乱天下，惟简之而不得，使天下务去其文以求其实，非以文教之也。《春秋》以后，繁义益盛，天下益乱。始皇焚书得罪，是出于私意，又不合焚'六经'。若当时志在明道，其诸反经叛理之说，悉取而焚之，亦正暗合删述之意。自秦、汉以降，文又日盛，若欲尽去之，断不能去。只宜取法孔子，录其近是者而表章之，则其诸怪悖之说，亦宜渐渐自废。不知文中子当时拟经之意如何？某切深有取于其事，以为圣人复起，不能易也。天下所以不治，只因文盛实衰。人出己见，新奇相高，以眩俗取誉，徒以乱天下之聪明，涂天下之耳目，使天下靡然争务修饰文词，以求知于世，而不复知有敦本尚实、反朴还淳之行，是皆著述者有以启之。"

爱曰："著述亦有不可缺者，如《春秋》一经，若无《左传》，恐亦难晓。"

先生曰："《春秋》必待《传》而后明，是歇后谜语矣。圣人何苦为此艰深隐晦之词？《左传》多是《鲁史》旧文，若《春秋》须此而后明，孔子何必削之？"

爱曰："伊川亦云'传是案，经是断'。如书弑某君、伐某国，若不明其事，恐亦难断。"

先生曰："伊川此言，恐亦是相沿世儒之说，未得圣人作经之意。如书'弑君'，即弑君便是罪，何必更问其弑君之详？征伐当自天子出，书'伐国'，即伐国便是罪，何必更问其伐国之详？圣人述'六经'，只是要正人心，只是要存天理、去人欲，于存天理、去人欲之事，则尝言之。或因人请问，各随分量而说，亦不肯多道，恐人专求之言语，故曰'予欲无言'。若是一切纵人欲、灭天理的事，又安肯详以示人？是长乱导奸也。故孟子云：'仲尼之门，无道桓、文之事者，是以后世无传焉。'此便是孔门家法。世儒只讲得一个伯者的学问，所以要知得许多阴谋诡计，纯是一片功利的心，与圣人作经的意思正相反，如何思量得通？"因叹曰："此非达天德者，未易与言此也。"

又曰："孔子云'吾犹及史之阙文也'；孟子云'尽信《书》不如无《书》，吾于《武成》取二三策而已'。孔子删《书》，于唐、虞、夏四五百年间不过数篇，岂更无一事？而所述止此，圣人之意可知矣。圣人只是要删去繁文，后儒却只要添上。"

爱曰："圣人作经，只是要去人欲、存天理。如五伯以下事，圣人不欲详以示人，则诚然矣。至如尧、舜以前事，如何略不少见？"

先生曰："羲、黄之世，其事阔疏，传之者鲜矣。此亦可以想见。其时全是淳庞朴素，略无文采的气象。此便是太古之治，非后世可及。"

爱曰："如《三坟》之类，亦有传者，孔子何以删之？"

先生曰："纵有传者，亦于世变渐非所宜。风气益开，文采日胜，至于周末，虽欲变以夏、商之俗，已不可挽，况唐、虞乎！又况羲、黄之世乎！然其治不同，其道则一。孔子于尧、舜则祖述之，于文、武则宪章之。文、武之法，即是尧、舜之道。但因时致治，其设施政令，已自不同。即夏、商事业施之于周，已有不合，故周公思兼三王，其有不合，仰而思之，夜以继日。况太古之治，岂复能行？斯固圣人之所可略也。"

又曰："专事无为，不能如三王之因时致治，而必欲行以太古之俗，即是佛、老的学术。因时致治，不能如三王之一本于道，而以功利之心行之，即是伯者以下事业。后世儒者许多讲来讲去，只是讲得个伯术。"

又曰："唐、虞以上之治，后世不可复也，略之可也；三代以下之治，后世不可法也，削之可也。惟三代之治可行。然而世之论三代者，不明其本，而徒事其末，则亦不可复矣！"

爱曰："先儒论'六经'，以《春秋》为史。史专记事，恐与

'五经'事体终或稍异。"

先生曰："以事言谓之史，以道言谓之经。事即道，道即事。《春秋》亦经，'五经'亦史。《易》是庖牺氏之史，《书》是尧、舜以下史，《礼》、《乐》是三代史。其事同，其道同，安有所谓异？"

又曰："'五经'亦只是史。史以明善恶，示训戒。善可为训者，时存其迹以示法；恶可为戒者，存其戒而削其事以杜奸。"

爱曰："存其迹以示法，亦是存天理之本然。削其事以杜奸，亦是遏人欲于将萌否？"

先生曰："圣人作经，固无非是此意，然又不必泥着文句。"

爱又问："恶可为戒者，存其戒而削其事以杜奸，何独于《诗》而不删郑、卫？先儒谓'恶者可以惩创人之逸志'，然否？"

先生曰："《诗》非孔门之旧本矣。孔子云'放郑声，郑声淫'。又曰'恶郑声之乱雅乐也'。'郑卫之音，亡国之音也'。此本是孔门家法。孔子所定三百篇，皆所谓雅乐，皆可奏之郊庙，奏之乡党，皆所以宣畅和平，涵泳德性，移风易俗，安得有此？是长淫导奸矣。此必秦火之后，世儒附会，以足三百篇之数。盖淫泆之词，世俗多所喜传，如今闾巷皆然。'恶者可以惩创人之逸志'，是求其说而不得，从而为之辞。"

注 释

①徐爱（1488~1517 年）字曰仁，号横山，浙江余杭人，是王

阳明最早的入室弟子之一，也是王守仁的妹夫。徐爱是一个典型的内圣型人才，可以说是阳明的颜回。正德七年（1512年）徐爱开始陆续记录先生论学的谈话，并编纂成本。但徐爱英年早逝，终年三十一岁。他生前一直期望为王阳明出《传习录》，后钱洪德完成其遗愿。

译文

先生对于《大学》中"格物"等各种说法，都是以"旧本"为准，即程颢、程颐和朱熹所说的有许多错误的那个版本。我刚听说时非常吃惊，进而有点怀疑，后来，我竭尽全力，相互比较分析，又向先生本人请教。经先生悉心指教，我才明白先生的学说如同水性清凉、火性炽热一样，绝对是《中庸》中所说的，即使百代之后圣人出现也不会怀疑的真理。先生天资聪颖，但是和蔼可亲，为人坦诚，平素不修边幅。早年，先生性格豪迈洒脱，曾热衷于赋诗作文，并广泛深入研究佛道两家的经典之作。所以，时人初听他的主张，都自认为是异端邪说，不予深入研究。但是他们不知道，在贬居贵州龙场的三年中，先生处困养静，唯精唯一的功夫，已入圣贤之列，达到炉火纯青之境界。

我有幸经常接受先生的教诲，才知先生所求的"道"，接触到它好像很容易，但思量仰望它又愈见其高妙；表面看好像很粗浅，可是探讨起来，又是那么精深；学习掌握的时候好像就在眼前，可是发现完善起来又是那么无止境。跟随先生十多年来，竟然没有能理解先生思想的精髓。当今的学者，有的仅与先生有一面之交，有的从未听过先生的教诲，有的先入为主地怀有轻蔑、愤怒而激动的情绪，没谈上几句就急于根据传闻臆说，妄加揣度，这样怎能真正理解先生的学说呢？跟随先生的学生们，聆听先生的教诲，经常是学到的少而遗漏的多，如同相马时，只看到了马的雌雄黑黄而忽略了千里马的特征。因此，我把平时听到的教诲全部记录下来，私下里给同学们看，相互考核订正，以不负先生的谆谆教诲。

学生徐爱书。以下内容为门人徐爱录。

徐爱问："'在亲民'，朱熹说当做'新民'理解。书后面'作新民'一文似乎也有这方面的证据。先生却认为宜当听从旧本的'作亲民'，也有什么证据吗？"

先生说："'作新民'中的'新'字，是自新之民的意思，和'在新民'的'新'不同，'作新民'怎么能作为'在新民'的根据呢？'作'与'亲'相对应，但不是'亲'的意思。下面'治国平天下'等处，对于'新'字都毫无阐发，如：'君子贤其贤而亲其亲，小人乐其乐而利其利''如保赤子''民之所好好之，民之所恶恶之，此之谓民之父母'等，这些都是'亲'的意思。'亲民'就像《孟子》中所说的'亲亲仁民'，'亲之'就是仁爱的意思。百姓不仁爱，舜就让契担任司徒，'敬敷五教'，让他们互相亲近。《尧典》中说的'克明峻德'就是'明明德'，'以亲九族'到'平章''协和'就是'亲民'，就是'明明德于天下'。又如孔子说'修己以安百姓'，'修己'便是'明明德'，'安百姓'便是'亲民'，说亲民便是兼有教养的意思，说新民便觉得意思偏了。"

徐爱问道："《大学》之中'知止而后有定'，朱熹认为是指事事物物都有定理，这好像与您的看法不一致。"

先生说："从事事物物上去探求至善，是在本体之外。至善是属于内心本体的。只是彰显人人本有的内心的光明德行到了至精的地步便能做到至善。然也没有离开事物。这个注所说的'穷尽天理，不带一丝一毫的私欲'，说对了。"

徐爱又问："至善只从心中寻求，大概不能穷尽天下所有的事理。"

先生说道："心即理。天下哪里有心外之事，心外之理呢？"

徐爱说："惟事父之孝，事君之忠，交友之信，治民之仁，这里边就有许多理在，恐怕不可不细察。"

先生感叹地说："世人被这种观点蒙蔽很久了，不是一两句话就能使人们清醒的。现仅就你的问题来谈一谈。比如事父，不是从父亲那里求得孝的道理；事君，不是从君主那里求得忠的道理；交友、治理百姓，不是从朋友和百姓那里求得信和仁的道理。孝、忠、信、仁在各自心中。心即理。没有被私欲迷惑的心，就是天理，不用到心外强加一点一滴。以这颗纯洁无私的心，去做任何事都是天理，事父便孝，事君则忠，交友则信，治民则仁。所以只要在心上修习，去私欲、存天理就行了。"

徐爱说："听了先生这番话，我觉得获益匪浅。但以前的旧说仍然纠缠于胸，没有完全去除。例如事父，那些嘘寒问暖、早晚请安的细节，不也需要讲究吗？"

先生说："怎能不讲究？但要分清主次，在自己心中去私欲、存天理的前提下去讲究。比如讲究冬温，只要是尽心去尽孝，就怕有个私心杂念去做；讲究夏清，也只是要尽心之孝，就怕有一丝一毫的私欲夹杂。所以凡事讲究就是要讲究内心的纯洁。如果

己心没有私欲，天理至纯，是颗诚恳孝敬父母的心，冬天自然会想到为父母防寒，会主动去掌握保暖的技巧；夏天自然会想到为父母消暑，会主动去掌握消暑的技巧。防寒消暑正是孝心

的表现，但这颗孝心必是至诚至敬的。有了这诚孝的心，就好比有了根本，比如树木，心为根，许多的事情为枝叶，有根才有枝叶，不是先寻枝叶，然后去种根。《礼记》上说：'有深爱的孝子，一定有和气；有和气的人，一定有愉悦的心情和脸色；有愉悦心情和脸色的人，一定有美丽的容貌。'必须有深爱之心作为根本，便自然会这样了。"

郑朝朔问："至善也必须从事物上探求吗？"

先生说："己心纯为天理就是至善。怎么从外物上探求呢？你且说几件看看。"

朝朔说："比方孝敬父母，怎样才能保暖避暑，怎样才能奉养正恰，这是必须有个标准的，符合标准了才是至善。所以需要学问思辨去知晓标准。"

先生说："假若孝敬父母只讲求保暖避暑和奉养正恰，可以一天两天就讲完了，哪里用得着学问思辨？侍奉父母双亲时只要内心纯于天理。这不是什么学问思辨的事，否则一字之差谬于千里。所以即使是圣人，都要加上内心要精纯一致的训条。倘若认为把那些礼节讲求得适宜了就是至善，那么，现在请些戏子来扮些得当的仪节，也可说是至善吗。"

我（徐爱）在这天又有所省悟。

徐爱由于没听到先生说知行合一的讲座，与宗贤和唯贤再三讨论，不能取得一致的意见。于是向先生请教。

先生说："不妨举个例子听听。"

徐爱说："现在人都知道孝父敬兄的道理，行动上却不能孝敬。可见知与行分明是两码事。"

先生说："这种情况就是已被私欲隔断了，不属于知行的本体。没有知而不行的事。知而不行，是因为不符合圣人所教导的知行。圣贤教人知和行，正是要恢复原本的知与行，并非随便地告诉怎样去知与行便了事。所以《大学》指出真知真行给人看，说喜欢好的颜色，厌恶恶的坏臭。看见好的颜色属于知，喜欢好的颜色属于行。看见了好的颜色时，心里便已觉得喜好了；不是见了以后，另外再起个心意去喜好。闻到恶臭属于知，厌恶恶臭属于行。闻到恶臭时，已经觉得厌恶了；不是闻了以后，再起个心意去厌恶它。一个人如果鼻塞，就是发现恶臭在跟前，鼻子没有闻到，根本不会特别讨厌了。这只是因为不知臭。这就好像说某人知孝知悌，一定是这个人已经行孝行悌了，才可以称他知孝知悌，不可能只是会说说孝悌的话，便可称为知孝悌。再如知痛，绝对是他自己痛了，才知痛。知寒，绝对是自己觉得寒冷。知饥，绝对是自己肚子饥饿了。知行怎么分得开呢？这便是知行的本体。不曾被私意隔断过的。圣人教人，一定要这样，才可以说是知了，不然，都是不曾知。这都是多么重要的功夫呀。如今，非要把知行说成是两回事，是什么用意呀？我要把知行说成是一回事，是什么用意？若不懂得我立言的宗旨，只管说一码事两码事，又有什么用呢？"

徐爱说："古人把知行说成两回事，也只是让人弄个明白。一边做认识的功夫，一边做实践的功夫，这样功夫才能落到实处。"

先生说："这样做就丢失了古人的宗旨了。我曾说知是行的主意，行是知的功夫。知是行的初始，行是知的结果。如果深谙知行之理，若说知，行已自在其中了；若说行，知也自在其中了。古人之所以分开说，是因为有一种人，稀里糊涂去做，全然不理解这样做的原因和道理，也只是冥行妄作。所以说，有了认知，然后才有行动。还有一种人，异想天开，只会空想，全然不肯亲自行动，也只是靠主观猜测；因此你必须跟他讲行的道理，他才能知得正确。这是古人不得已，补偏救弊的说法。如果认识到了这一点，说一下就明白了。现今的人非要把知行分为两件事去做，认为是先知后行。因此，我就先去讲习讨论做知的功夫，等知得真切，再去做行的功夫。所以一辈子不能行，也不知。这不是简单的事情，这种事情也不是一天两天了，我现在说知行合一，正是对着这种病症下的药。这不是我杜撰的，知行本体，本来就是这样。即使把两个分开说也无妨，仍然是一回事。如果没领会知行合一的宗旨，即便说是一个，又有什么用呢？只能是瞎说瞎想。"

徐爱问："昨天闻听先生'止至善'的教导，我感到已经有用功的方向了。但是，我始终觉得您的见解和朱熹对格物的阐述无法达到一致。"

先生说："'格物'正是'止至善'的功夫。既然明白'至善'，也就明白了'格物'。"

徐爱说："昨天用先生的观点推究朱熹的'格物'学说，看起来也大致上理解了。但朱子的训导里，有《尚书》中的'精一'，《论语》中的'博约'，《孟子》中的'尽心知性'，都有证据，因此我内心不能释然。"

先生说："子夏笃信圣人，曾子却会求之于自己，笃信固然好，然后不如反求于自己来得恰当。现在既然心里没有搞清楚，怎么可以因循守旧，而不去探求真理呢？就像朱子本来也是尊重笃信程子的，但朱子对程子学说里不能符合自己内心的，却不会去苟从。'精一''博约''尽心'，本来就与我的学说相吻合，只是你没有认真思考罢了。朱子格物的训条，未免有些牵强附会，并不是四书的原意。精是一的功，博是约的功，说到仁，就已经是明了知行合一的说法，这些一句话就可以说通。'尽心知性知天'是'生知安行'的人能够做的事；'存心养性事天'是'学知利行'的人能够做的事；'夭寿不贰，修身以俟'是'困知勉行'的人能够做的事。朱

17

熹对'格物'理解错误，只是由于他把前后因果关系看颠倒了，认为'尽心知性'是'格物知至'，要求初学者去为'生知安行'的事情，如何能为之？"

徐爱问："'尽心知性'怎么会是'生知安行'的人才能够做的事呢？"

先生说："性是心的本体，天是性的根源。尽心也就是尽性。《中庸》上说：'只有天下最虔诚的人才能彻底地发挥人性，知道天地万物的变化发展，所谓'存心'，就是没有'尽心'。'知天'中的'知'就像知州、知府中的'知'，州官、县官对于州县的治理是他们分内的事，人知晓天理也应当是自然而然的事，通晓天理就是已经与天合为一体。'事天'，如同儿子服侍父亲、大臣辅佐君王一样，必须恭敬奉承，然后才能万无一失。'事天'就是还没有与天合二为一，这就是圣人和贤人的区别。至于'夭寿不贰'，它是教育人们一心向善，不能因环境优劣或寿命长短而把为善的心改变了。知道穷困通达、寿命长短都由上天注定，所以我们也不必因此而动摇了行善的心。'事天'虽然与天是两回事，但自己已有个天在面前；待命，便是未曾见面，在此等候的意思。这便是初学的人立心的开始，有个勉励的意思。现在呢却倒过来做，所以让初学的人感到无从下手。"

徐爱说："昨天闻听先生的教导，我也隐约觉得功夫理当如此。现在听先生一说，更加没有疑问了。昨天清早我这样想，'格物'的'物'，也就是'事'，都是从心上来说的。"

先生说："说得好。身的主宰就是心，心之触发就是意，意的本源就是知，意之所在就是物。譬如，意在事亲上，那么事亲就是一物；意在事君上，那么事君就是一物；意在仁民爱物上，仁民爱物便是一物；意在视听言行上，那么视听言行便是一物。所以我说没有心外之理，没有心外之物。《中庸》上说'不诚无物'，《大学》

中的'明明德'的功夫只是一个诚意，诚意的功夫，只是一个格物。"

先生又说："'格物'的'格'有如孟子所谓的'大人格君心'的'格'，是去掉不正心术，用来保全本体的纯正。一旦有意念产生，就要去掉其中的邪念，以保全心体的纯正，也就是时时处处都要存养天理，即穷尽天理。'天理'即'明德'，'穷理'即'明明德'。"

先生又说："知是心的本源，心自然能知。看见父母自然知道孝顺，看见兄长自然知道恭敬，看见小孩落井自然有同情之心。这便是良知，不借助于外界去求得。如果良知生发开来，又无私欲迷惑，正是《孟子·尽心上》所谓'充其恻隐之心，而仁不可胜用矣'。但是作为一般人不可能没有私心阻碍，所以就需要用'致知''格物'的功夫，战胜私心恢复天理。如此，人心的良知就再无什么障碍了，得到充分地发扬流传，这就是致良知。能致其知定可诚其意。"

徐爱问："先生说'博文'为'约礼'之功夫，我思虑再三终不能解，请先生明示。"

先生说："'礼'即'理'。'理'显示可见的为'文'，'文'隐蔽不能见的为'理'，原本是一物。'约礼'仅要己心完全是一个天理。要内收只存天理，就需要在发现理上用功。比如表现在侍奉双亲上，就在侍奉双亲上学习存养天理；表现在辅佐君王上，就在辅佐君王上学习存养天理；表现在身处富贵贫贱时，就在富贵贫贱上学习存养天理；表现在身处患难、陷入夷狄之邦时，就在患难中、夷狄之邦学习存养天理。至于其他的作止语默也是一样，随发现处存天理，这就是'博学之于文'，就是'约礼'的功夫。'博文'就是'唯精'，就是要广泛地在万事万物上学习存养天理的办法，其目的就是要求得至精至纯。'约礼'就是'唯一'，就是用礼的精神来约束人的思想以达到与天理的统一，就是天理只要一个。"

徐爱问：《朱熹章句·序》中'道心常为一身之主，而人心每听命'，若以先生精一的教训推演，此话似乎不妥当。"

先生说："正是。心亦一个心。没有夹杂人为因素的称道心，夹杂人为因素的称人心。人心正了就是道心，道心最初是人心。最初不是人有二心，程子说人心就是私欲，道心就是天理。这话要分析起来，好像把道心人心分离开来，但他的意思实际上是一体的。而朱熹说：'道心是主宰，人心听从它的命令。'这就成为两个心了。天理私欲不一起存在，哪有天理为主，私欲又听命于天理的呢？"

徐爱请先生比较一下王通和韩愈两个人。

先生说："韩愈是文人中的英才，王通是一位贤能大儒。后人仅仅因为文章诗词的缘故，就十分推崇韩愈，其实韩愈比王通差得多。"

徐爱问道："为什么王通有模拟经书的错误？"

先生说："拟经之事恐怕也不能全部否定，你先说说后代儒者写作的东西与拟经比起来怎么样？"

徐爱说："后世儒者的编著不是没有求名之意，但明道是最终目的。而模拟经书完全是为了求名。"

先生说："著书讲经以阐明圣道，仿效的又是什么呢？"

徐爱说："仿效孔子删改六经，以阐明圣道。"

先生说："既然如此，模拟经书不就是仿效孔子吗？"

徐爱说："编著须对道有所发明阐释，模拟经书仿佛只是仿照经书的形式，大概于明道无补。"

先生说："你所谓的明道，是指返璞归真，使道在平常生活中落实呢？还是指华而不实，借此哗众取宠呢？天下纷乱，主要是因为重虚文、轻实行。假如道明于天下了，那么六经不必著述。删节编著六经，孔子是不得已而为之呀。自从伏羲演卦，到文公、周公，其中论《易》的如《连山》《归藏》等著述纷纭繁复，种类数不胜数，《易》道因此乱作一团。孔子发现天下一天天盛行文饰之风，认为如此延伸只会目无纲纪，所以效法文王、周公关于《易》的论述，觉着只有他们的主张才把握了《易》的宗旨。于是那些纷纷扰扰的学说都废掉了，天下关于易经的说法开始归一。《诗》《书》《礼》《乐》《春秋》也是这样。《尚书》自《典》《谟》之后，《诗经》自《周南》《召南》之后，如《九丘》《八索》，许多淫邪妖冶之句，达成百上千篇。《礼》《乐》名义下的物数，到这时也是不可胜数，孔子都删节削减，然后编著归正，自此其他说法才终止。在《书》《诗》《礼》《乐》之中，孔子何尝加过一句多余的话呢？现今《礼记》中的解释之词，大多是后来的儒生自己牵强附会硬凑的，不再是孔子当时所编著的原本了。至于《春秋》虽然大家也说是孔子编著了，实际上是鲁国的旧史旧文，人们说孔子写，其实写的就是旧史旧文，人们说孔子削减过，其实就是把繁杂的东西削减掉了，是有减而无增。孔子编著《六经》，是害怕繁杂的文章搅乱了天下，所以只要简易些，使天下人从此务必去掉华丽的文饰而追求文章的实质内容，并不是以文教导人们。春秋之后，繁文更加多了，天下更加混乱了，秦始皇焚书得罪天下，是因为他出于一己之私意，加上又焚了《六经》，如果当时他志向只在于明道的话，把那些反经叛理的书全焚烧掉，这也正暗合了孔子删节削减再编著的意思。《春秋》之后，繁文日益盛行，天下一团漆黑。秦始皇焚毁经书得罪了天下士人，是出于私心，更不该焚毁《六经》。秦始皇当时若志在明道，把那些背经叛道的书全拿来烧掉，那么正暗合了孔子删改《六经》的本意。从秦汉以来，文辞华丽的风气又一天天兴盛起来了，要想彻底废止根本不可能了。只得效仿孔子的做法，对那些与《六经》的阐释相接近的进行宣传表彰，那么其他的怪理悖论也就慢慢消失了。我不知道文中子王通当初模拟经书是何意图，但我体会到他的做法有可取之处。我认为，即便圣人重生，也是不会否认这种观点的。天下之所以混乱不堪，是因为华丽的文饰兴盛，而求实之风衰败。人们各抒己见，争奇斗异，以迷惑世俗取得功名，这只会混淆人们的视听，蒙蔽世人的耳目，使天下人崇尚华丽，争相追求文饰，以求在社会上出名，而不再懂得还有崇尚真实、返朴归淳的切行。这些都是那些著书立说的人所导致的。"

徐爱说："有些时候，著述是不能缺少的。比如《春秋》这本书，如果没有《左传》做解，恐怕世人也难以读懂。"

先生说："《春秋》必须有《左传》才能明白，这样，《春秋》不就成为歇后谜语了。圣人何苦写这些艰深隐晦的词句呢？《左传》大多是《鲁史》的原文，如果《春秋》要凭借《左传》才可读

懂，那么，孔子又何必把鲁史删改成《春秋》呢？"

徐爱说："程颐先生（人称伊川先生）也认为'《传》是案，《经》是断。'比如，

《春秋》上记载弑某君、伐某国，如果不知道事情的原委，大概也难以做出确切的判断。"

先生说："程颐先生的这种观点，差不多也是承袭后世儒生的说法，没有明白圣人做经的本意。比如写'弑君'，弑君是罪过，何必去了解弑君的详细过程呢？讨伐的命令该天子发布，写'伐国'，伐国就是罪，为什么去问征伐别国的详细情况？圣人阐述《六经》，只是要纠正人心，只是为了存养天理、去除私欲。关于存养天理、去除私欲的事，孔子曾经就说过。孔子常依据人们的问题，对各自的程度与性质做不同的回答。但他也不会说很多，恐怕人们专门在语言上纠缠而忽略了学说的本质，所以他对子贡说：'我不想说什么了'。如果是些灭天理、纵人欲的事，又怎么能够详细地给人们看呢，这不是要助长乱象、引导奸恶吗！所以《孟子·梁惠王上》讲道：'孔子的门生没有记载齐桓公、晋文公的事迹的，所以他们杀伐征讨的事就没有流传后世。'这就是孔门家法。世儒只讲究做广博的学问，因而他们要精通许多阴谋诡计。这完全是一种功利心态，与圣人写作经书的宗旨正好相反，所以伊川这话怎么说得通呢？"

先生因此感叹地说："不能通达天理的人，很难和他说清楚这事的！"

他接着说："孔子曾说：'吾犹及史之阙文也。'孟子也说：'尽信书，不如无书。吾于《武成》取二三策而已。'孔子删除《尚书》，即使是尧、舜、禹这四五百年间的历史，保留的不过几篇。除此之外，难道是其中没有别的事发生，而所著述却仅仅止此。圣人的本意由此可知了。圣人仅是剔除繁文，后儒却只要添上。"

徐爱说："圣人著经，只是要去人欲、存天理。像春秋五霸之后的事，圣人不想详细地给人们看，确实是这样的。那么，尧舜之前的事，为什么也那么笼统呢？"

先生说："伏羲、黄帝的时代，发生的事情淡而少，能记下来流传的就更少了，这是可以想见的。当时世风淳朴，大概没有华丽修辞、注重文饰的风气，全是淳厚朴素、全无文采的社会气象。这就太古的时代，非后世所能比拟。"

徐爱说："像《三坟》之类的书，也有流传下来的，为什么孔子也要删掉它呢？"

先生说："即使有流传下来的，也因为世道变化而不再适宜了。社会风气日益开放，文采日渐兴盛。到了周朝末年，就算想用夏商的风俗来改变，也是不可挽回了。何况伏羲、黄帝时的世风呢？又何况炎黄朝代呢？各朝代治世的表现不同，但遵循的仍是一个道。孔子效法尧、舜和周文王、周武王。周文王、周武王时的制度也就是尧、舜时的道。只不过是因时而实施不同的政治。他们的设施政令，和其他时代自然不同，把夏、商的制度政令施行于周朝，已经不合时宜。所以，周公想并采禹、汤、文王的举措，碰到不合适的地方，还需夜以继日地深入研究。何况太古时的制度政令，难道还能实行吗？这正是孔子删略前代之事的原因。"

先生接着说："专门从事无为而治，不能像禹、汤、文王那样因时机环境适宜而采取政治策略，而非要去实行远古的风俗，这是佛教、老庄的主张。根据时代的变化对社会进行治理，却不能像禹、汤、文王那样以道为本，而以功利之心来实行，这正是五霸以后治世的情形。后来的世儒们诸多人讲来讲去，其实只讲了个关于眼前功名利禄的一些术。"

先生又说："唐虞以上的太平之世，后世不可能恢复，省略不谈它可以。尧舜禹三位贤君之后的治世方法，后世不可仿效，可以把它删除。只有三位贤君执政之时的太平之世，是可以去借鉴实行的。然而，世上议论三代的人，对三代治理天下的根本视而不见，仅注意到一些细枝末节。如此一来，三代治理天下的方法也不能恢复了。"

徐爱问："朱熹论述《六经》，把《春秋》作为史书，史书专门记事的。恐怕和《五经》的体例宗旨稍有出入。"

先生说："记述事的为史，记述道的为经。其实事即是道，所以《春秋》也是经，《五经》也是史。《易》是伏羲氏时的史，《尚书》是尧、舜以后的史，《礼》《乐》是三代时的史。他们记述的事相同，记述的道相同，哪里有所谓的不同呢？"

先生又说："《五经》也是史书，史就是辨明善恶以示训诫。善可以用来教化，因而特别保存善的事迹让人仿效；恶可以作为戒条，保存戒条删去具体的恶行，来杜绝奸邪之人模仿。"

徐爱问："保存善的事迹让后人仿效，也是存天理之本。删减恶行，保存戒条，也是想将私欲抑制在萌芽阶段遏吗？"

先生说："孔子做《六经》，本来就是这个本意，但是也不必局限于文句，要掌握其宗旨。"

徐爱又问："恶可以作为戒条，保留戒条而省去事情经过，以杜绝奸邪之人模仿。然而，为什么独独在《诗经》中不将'郑风'和'卫风'省略呢？先儒认为是'恶者可以惩创人之逸志'，是这样的吗？"

先生说："现在的《诗经》已不是孔门编著的版本了。孔子说：'禁绝郑国的音乐，郑国的音乐淫靡放荡。'孔子又说：'厌恶郑国的音乐扰乱了高雅的音乐。''郑国、卫国的音乐是亡国的音乐。'这是孔门家法。孔子所选定的三百篇，都是雅乐之作，都可在祭祀天地祖先的场合和乡村郊庙中演奏，都是用来畅和平之气，涵拯心性，移风易俗，哪里会有郑、卫之声呢？这是助长淫风导引奸恶呀。这一定是秦代焚书坑儒之后，世儒牵强附会，凑足三百篇的数目而加上去的。而淫邪之辞，世俗也喜欢传播，如今街头里巷都是这样了。朱熹所谓的'记录恶事可以惩戒人们贪图安逸的思想'，这话是因为想求孔子的真学说而得不到，不得已而说的言辞。"

徐爱跋

原文

爱因旧说汩没，始闻先生之教，实是骇愕不定，无入头处。其后闻之既久，渐知反身实践，然后始信先生之学为孔门嫡传，舍是皆傍蹊小径、断港绝河矣！如说"格物"是"诚意"的功夫，"明善"是"诚身"的功夫，"穷理"是"尽性"的功夫，"道问学"是"尊德性"的功夫，"博文"是"约礼"的功夫，"惟精"是"惟一"的功夫。诸如此类，始皆落落难合，其后思之既久，不觉手舞足蹈。

右曰仁所录。

注释

我因为沉溺在宋儒旧学之中，最初听到先生的教诲，真是惊骇不已，不得其门而入。之后听的时间长了，逐渐认识到要自我审视亲自践行。之后才坚信先生的学说，是孔门正宗，余者都是歧途小路，断港绝河。比如说格物是诚意的功夫，明善是诚身的功夫，穷理是尽性的功夫，道问学是尊德性的功夫，博文是约礼的功夫，惟精是惟一的功夫。诸如此类，最初的时候都觉得不能理解。之后思考的时间长了，就不觉兴奋得手舞足蹈了。

《传习录》中

钱德洪序

原　文

德洪曰：昔南元善刻《传习录》于越，凡二册。下册摘录先师手书，凡八篇。其答徐成之二书，吾师自谓"天下是朱非陆，论定既久，一旦反之为难"。二书姑为调停两可之说，使人自思得之。故元善录为下册之首者，意亦以是欤。今朱、陆之辨明于天下久矣。洪刻先师《文录》，置二书于外集者，示未全也，故今不复录。

其余指知行之本体，莫详于答人论学与答周道通、陆清伯、欧阳崇一四书。而谓格物为学者用力日可见之地，莫详于答罗整庵一书。平生冒天下之非诋推陷，万死一生，遑遑然不忘讲学。惟恐吾人不闻斯道，流于功利机智，以日堕于夷狄禽兽而不觉。其一体同物之心，谆谆终身，至于毙而后已。此孔孟以来贤圣苦心，虽门人子弟未足以慰其情也。是情也，莫见于答聂文蔚之第一书。此皆仍元善所录之旧。而揭"必有事焉"即"致良知"功夫，明白简切，使人言下即得入手，此又莫详于答文蔚之第二书，故增录之。

元善当时汹汹，乃能以身明斯道，卒至遭奸被斥，油油然惟以此生得闻斯学为庆，而绝无有纤芥愤郁不平之气。斯录之刻，人见其有功于同志甚大，而不知其处时之甚艰也。今所去取，裁之时义则然，非忍有所加损于其间也。

译文

钱德洪说：昔日南元善在浙江印刻《传习录》，一共有两册，其中下册摘录了先师王阳明的书信，共八篇。其中《答徐成之》的两封信，我的老师自己说："天下褒朱熹贬陆九渊的风气，似乎已经很久了，一旦要翻案是很难的。"这两封信姑且可以作为调停之用，并对两种学说都假意认可，让人们自己去思考。之所以被元善录用为下册的第一篇，用意可能也正是这样吧？现如今，朱、陆之间的论辩已经大白于天下很久了。德洪我便印刻了先生的《文录》，把这两封信收入"外集"中，以表示它们反映先生的思想并不全面，所以现在不再收入"正集"里。其余的谈及知、行本体的文字，没有比《答人论学书》、《答周道通书》、《答陆清伯书》、《答欧阳崇一书》这四封信更详尽的了。而谈到格物是治学之人只要用功就会有所成就的，也没有比《答罗整庵书》更加详尽的了。先生平生冒着全天下人的非议和诋毁，陷入万死一生的危险之中，虽然辛苦匆忙但是从来没有忘记讲学，惟恐我们这些人领悟不到大道，流于功利智巧，从而渐渐堕落与蛮夷、禽兽为伍，而自己还不知道。先生与万物一体同心，一生求索争取，死而后已。这正是孔孟以来圣贤的苦心，就算是我们这些门人弟子也都不足以慰藉先生的苦心。这样的情感，除了《答聂文蔚书》的第一封信之外，别处都领略不到。以上这些在元善所收录的旧本中都有，但是揭示出"必有事焉"就是要下"致良知"的功夫，并且简要真切表述清楚，使人听了就可以着手照做的，没有比《答聂文蔚书》的第二封信更详细的了，所以在这里增录。元善当时情感慷慨激昂，所以能身体力行亲自践行，虽然他最终遭到奸人诬陷，但仍然激情满怀，为今生得以学到王阳明先生的学问而感到庆幸，因而绝没有一丝一毫的郁愤不平之气。《传习录》的印刻，使人们知道他对志同道合之人的功德很大，却未必知道他处世的艰辛。今天，我对他的版本有所取舍，是依照当今人对其中义理的新的理解，并不忍心在他的《传习录》中妄加增减。

答顾东桥书

原文

来书云："近时学者，务外遗内，博而寡要。故先生特倡'诚意'一义，针砭膏肓，诚大惠也。"

吾子洞见时弊如此矣，亦将何以救之乎？然则鄙人之心，吾子固已一句道尽，复何言哉？复何言哉？若诚意之说，自是圣门教人用功第一义，但近世学者乃作第二义看，故稍与提掇紧要出来，非鄙人所能特倡也。

来书云："但恐立说太高，用功太捷，后生师传，影响谬误，未免坠于佛氏明心见性、定慧顿悟之机，无怪闻者见疑。"

区区格、致、诚、正之说，是就学者本心、日用事为间，体究践履，实地用功，是多少次第、多少积累在。正与空虚顿悟之说相反。闻者本无求为圣人之志，又未尝讲究其祥，遂以见疑，亦无足怪。若吾子之高明，自当一语之下便了然矣，乃亦谓立说太高，用功太捷，何邪？

来书云："所喻知行并进，不宜分别前后，即《中庸》'尊德性而道问学'之功，交养互发，内外本末，一以贯之之道。然功夫次第，不能无先后之差。如知食乃食，知汤乃饮，知衣乃服，知路乃行，未有不见是物，先有是事。此亦毫厘倏忽之间，非谓有等今日知之，而明日乃行也。"

既云"交养互发，内外本末，一以贯之"，则知行并进之说无复可疑矣。又云"功夫次第，不能无先后之差。"无乃自相矛盾已乎？知食乃食等说，此尤明白易见。但吾子为近闻障蔽，自不察耳。夫人必有欲食之心，然后知食，欲食之心即是意，即是行之始矣。食味之美恶，必待入口而后知，岂有不待入口而已先知食味之美恶者邪？必有欲行之心，然后知路，欲行之心即是意，即是行之始矣。路歧之险夷，必待身亲履历而后知，岂有不待身亲履历而已先知路歧之险夷者邪？知汤乃饮，知衣乃服，以此例之，皆无可疑。若如吾子之喻，是乃所谓不见是物而先有是事者矣。吾子又谓"此亦毫厘倏忽之间，非谓截然有等今日知之，而明日乃行也。"是亦察之尚有未精。然就如吾子之说，则知行之为合一并进，亦自断无可疑矣。

来书云："真知即所以为行，不行不足谓之知。此为学者吃紧立教，俾务躬行则可。若真谓行即是知，恐其专求本心，遂遗物理，必有暗而不达之处，抑岂圣门知行并进之成法哉？"

知之真切笃实处即是行，行之明觉精察处即是知。知行功夫，本不可离。只为后世学者分作两截用功，失却知行本体，故有合一并进之说。真知即所以为行，不行不足谓之知。即如来书所云知食乃等说可见，前已略言之矣。此虽吃紧救弊而发，然知行之体本来如是，非以己意抑扬其间，姑为是说，以苟一时之效者也。专求本心，遂遗物理，此盖失其本心者也。夫物理不外于吾心，外吾心而求物理，无物理矣。遗物理而求吾心，吾心又何物邪？心之体，性也，性即理也。故有孝亲之心，即有孝之理；无孝亲之心，即无孝之理矣。有忠君之心，即有忠君之理；无忠君之心，即无忠君之理矣。理岂外于吾心邪？晦庵谓"人之所以为学者，心与理而已。心虽主乎一身，而实管乎天下之理。理虽散在万事，而实不外乎一人之心。"是其一分一合之间，而未免已启学者心、理为二之弊。此后世所以有专求本心，遂遗物理之患。正由不知心即理耳。夫外心以求物理，是以有暗而不达之处。此告子义外之说，孟子所以谓之不知义也。心一而已，以其全体恻怛而言谓之仁，以其得宜而言谓之义，以其条理而言谓之理。不可外心以求仁，不可外心以求义，独可外心以求理乎？外心以求理，此知行之所以二也。求理于吾心，此圣门知行合一之教，吾子又何疑乎？

来书云："所释《大学》古本，谓致其本体之知，此固孟子尽心之旨。朱子亦以虚灵知觉为此心之量。然尽心由于知性，致知在于格物。"

尽心由于知性，致知在于格物，此语然矣。然而推本吾子之意，则其所以为是语者，尚有未明也。朱子以"尽心、知性、知天"为格物、知致，以"存心、养性、事天"为诚意、正心、修身，以"夭寿不二、修身以俟"为知至、仁尽，圣人之事。若鄙人之见，则与朱子正相反矣。夫"尽心、知性、知天"者，生知安行，圣人之事也；"存心、养性、事天"者，学知利行，贤人之事也；"夭寿不二、修身以俟"者，困知勉行，学者之事也。岂可专以"尽心知性"为知，"存心养性"为行乎？吾子骤闻此言，必又以为大骇矣。然其间实无可疑者，一为吾子言之。夫心之体，性也；性也原，天也。能尽其心，是能尽其性矣。《中庸》云："惟天下至诚为能尽其性。"又云："知天地之化育，质诸鬼神而无疑，知天也。"此惟圣人而后能然。故曰：此生知安行，圣人之事也。存其心者，未能尽其心者也，故须加存之之功；必存之既久，不待于存而自无不存，然后可以进而言尽。盖"知天"之"知"，如"知州"、"知县"之"知"，知州则一州之事皆己事也，知县则一县之事皆己事也，是与天为一者也。"事天"则如子之事父，臣之事君，犹与天为二也。天之所以命于我者，心也，性也，吾但存之而不敢失，养之而不敢害，如"父母全而生之，子全而归之"者也。故曰：此学知利行，贤人之事也。至于"夭寿不二"，则与存其心者又有间矣。存其心者虽未能尽其心，固已一心于为善，时有不存，则存之而已。今使之"夭寿不二"，是犹以夭寿二其心者也。犹以夭寿二其心，是其为善之心犹未能一也，存之尚有所未可，而何尽之可云乎？今且使之不以夭寿二其为善之心，若曰死去夭寿皆有定命，吾但一心于为善，修吾之身以俟天命而已，是其平日尚未知有天命也。事天虽与天为二，然已真知天命之所在，但惟恭敬奉承之而已耳。若俟之云者，则尚未能真知天命之所在，犹有所俟者也，故曰"所以立命"。立者"创立"之"立"，如"立德"、"立言"、"立功"、"立名"之类。凡言立者，皆是昔未尝有而今始建立之谓，孔子所谓"不知命，无以为君子"者也。故曰：此困知勉行，学者之事也。今以"尽心、知性、知天"为格物致知，使初学之士尚未能不二其心者，而遽责之以圣人之生知安行之事，如捕风捉影，茫然莫知所措其心，几何而不至于"率天下而路"也？今世致知格物之弊，亦居然可见矣。吾子所谓务外遗内，博而寡要者，无乃亦是过欤？此学问最紧要处，于此而差，将无往而不差矣。此鄙人之所以冒天下之非笑，忘其身之陷于罪戮，呶呶其言有不容已者也。

来书云："闻语学者，乃谓即物穷理之说亦是玩物丧志，又取其厌繁就约涵养本原数说标示学者，指为晚年定论，此亦恐非。"

朱子所谓格物云者，在即物而穷其理也。即物穷理是就事事物物上求其所谓定理者也，是以吾心而求理于事事物物之中，析心与之理为二矣。夫求理于事事物物者，如求孝之理于其亲之谓也。求孝之理于其亲，则孝之理其果在于吾之心邪？抑果在于亲之身邪？假而果在于亲之身，则亲没之后，吾心遂无孝之理欤？见孺子之入井，必有恻隐之理。是恻隐之理果在于孺子之身欤？抑在于吾心之良知欤？其或不可以从之于井欤？其或可以手而援之欤？是皆所谓理也。是果在于孺子身欤？抑果出于吾心之良知欤？以是例之，万事万物之理莫不皆然，是可以知析心与理为二之非矣。夫析心与理而为二，此告子义外之说，孟子之所深辟也。务外遗内，博而寡要，吾子既已知之矣，是果何谓而然哉？谓之玩物丧志，尚犹以为不可欤？若鄙人所谓致知格物者，致吾心之良知于事事物物也。吾心之良知，即所谓天理也。致吾心良知之天理于事事物物，则事事物物皆得其理矣。致吾心之良知者，致知也。事事物物皆得其理者，格物也。是合心与理而为一者也。合心与理而为一，则凡区区前之所云，与朱子晚年之论，皆可以不言而喻矣。

来书云："人之心体，本无不明，而气拘物蔽，鲜有不昏。非学、问、思、辨以明天下之理，则善恶之机，真妄之辨，不能自觉，任情恣意，其害有不可胜言者矣。"

此段大略似是而非，盖承沿旧说之弊，不可以不辨也。夫学、问、思、辨、行皆所以为学，未有学而不行者也。如言学孝，则必服劳奉养，躬身孝道，然后谓之学。岂徒悬空口耳讲说，而遂可以谓之学孝乎？学射则必张弓挟矢，引满中的。学书则必伸纸执笔，操觚染翰。尽天下之学，无有不行而可以言学者。则学之始，固已即是行矣。笃者，敦实笃厚之意。已行矣，而敦笃其行，不息其功之谓尔。盖学之不能以无疑，则有问，问即学也，即行也。又不能无疑，则有思，思即学也，即行也。又不能无疑，则有辨，辨即学也，即行也。辨既明矣，思既慎矣，问既审矣，学既能矣，又从而不息其功焉，斯之谓笃行。非谓学问思辨之后，而始措之于行也。是故以求能其事而言谓之学，以求解其惑而言谓之问，以求通其说而言谓之思，以求精其察而言谓之辨，以求履其实而言谓之行。盖析其功而言则有五，合其事而言则一而已。此区区心理合一之体，知行并进之功，所以异于后世之说者，正在于是。今吾子特举学、问、思、辨以穷天下之理，而不及笃行，是专以学、问、思、辨为知，而谓穷理为无行也已。天下岂有不行而学者邪？岂有不行而遂可谓之穷理者邪？明道云："只穷理，便尽性至命。"故必仁极仁而后谓之能穷仁之理，义极义而后谓之能穷义之理。仁极仁则尽仁之性矣，义极义则尽义之性矣。学至于穷理至矣，而尚未措之于行，天下宁有是邪？是故知不行之不可以为学，则知不行之不可以为穷理矣。知不行之不可以为穷理，则知知行之合一并进，而不可以分为两节事矣。夫万事万物之理，不外于吾心。而必曰穷天下之理，是殆以吾心之良知为未足，而

必外求天下之广，以裨补增益之，是犹析心与理而为二也。夫学、问、思、辨、笃行之功，虽其困勉至于人一己百，而扩充之极，至于尽性知天，亦不过致吾心之良知而已。良知之外，岂复有加于毫末乎？今必曰穷天下之理，而不知反求诸其心，则凡所谓善恶之机，真妄之辨者，舍吾心之良知，亦将何所致其体察乎？吾子所谓气拘物蔽者，拘此蔽此而已。今欲去此之蔽，不知致力于此，而欲以外求，是犹目之不明者，不务服药调理以治其目，而徒伥伥然求明于其外。明岂可以自外而得哉？任情恣意之害，亦以不能精察天理于此心之良知而已。此诚毫厘千里之谬者，不容于不辨。吾子毋谓其论之太刻也。

来书云："教人以致知、明德，而戒其即物穷理，诚使昏暗之士，深居端坐，不闻教告，遂能至于知致而德明乎？纵令静而有觉，稍悟本性，则亦定慧无用之见。果能知古今，达事变而致用于天下国家之实否乎？其曰：'知者意之体，物者意之用'，'格物如格君心之非之格'。语虽超悟，独得不踵陈见，抑恐于道未相吻合？"

区区论致知格物，正所以穷理，未尝戒人穷理，使之深居端坐而一无所事也。若谓即物穷理，如前所云务外而遗内者，则有所不可耳。昏暗之士，果能随事随物精察此心之天理，以致其本然之良知，则虽愚必明，虽柔必强。大本立而达道行，九经之属，可一以贯之而无遗矣。尚何患其无致用之实乎？彼顽空虚静之徒，正惟不能随事随物精察此心之天理，以致其本然之良知，而遗弃伦理，寂灭虚无以为常，是以要之不可以治家国天下。孰谓圣人穷理尽性之学，而亦有是弊哉？心者，身之主也，而心之虚灵明觉，即所谓本然之良知也。其虚灵明觉之良知应感而动者，谓之意。有知而后有意，无知则无意矣。知非意之体乎？意之所用，必有其物，物即事也。如意用于事亲，即事亲为一物，意用于治民，即治民为一物，意用于读书，即读书为一物，意用于听讼，即听讼为一物。凡意之所用，无有无物者。有是意即有是物，无是意即无是物矣。物非意之用乎？"格"字之义，有以"至"字训者，如"格于文祖"、"有苗来格"，是以"至"训者也。然"格于文祖"，必纯孝诚敬，幽明之间，无一不得其理，而后谓之"格"。有苗之顽，实以文德诞敷而后格，则亦兼有"正"字之义在其间，未可专以"至"字尽之也。如"格其非心"、"大臣格君心之非"之类，是则一皆"正其不正以归于正"之义，而不可以"至"字为训矣。且《大学》"格物"之训，又安知其不以"正"字为训，而必以"至"字为义乎？如以"至"字为义者，必曰"穷至事物之理"，而后其说始通，是其用功之要，全在一"穷"字，用力之地，全在一"理"字也。若上去一"穷"，下去一"理"字，而直曰"致知在至物"，其可通乎？夫"穷理尽性"，圣人之成训，见于《系辞》者也。苟格物之说而果即穷理之义，则圣人何不直曰"致知在穷理"，而必为此转折不完之语，以启后世之弊邪？盖《大学》"格物"之说，自与《系辞》"穷理"大旨虽同，而微有分辨。穷理者，兼格、致、诚、正而为功也。故言穷理，则格、致、诚、正之功皆在其中。言格物，则必兼举致知、诚意、正心，而后其功始备而密。今偏举格物而遂谓之穷理，止所以专以穷理属知，而谓格物未常有行。非惟不得格物之旨，并穷理之义而失之矣。此后世之学所以析知行为先后两截，日以支离决裂，而圣学益以残晦者，其端实始于此。吾子盖亦未免承沿积习，则见以为于道未相吻合，不为过矣。

　　来书云："谓致知之功，将如何为温清，如何为奉养，即是诚意，非别有所谓格物，此亦恐非。"

　　此乃吾子自己意揣度鄙见而为是说，非鄙人之所以告吾子者矣。若果如吾子之言，宁复有可通乎？盖鄙人之见，则谓意欲温清，意欲奉养者，所谓意也，而未可谓之诚意。必实行其温清奉养之意，务求自慊而无自欺，然后谓之诚意。知如何而为温清之节、知如何而为奉养之宜者，所谓知也，而未可谓之致知。必致其知如何为温清之节者之知，而实以之温清；致其知如何为奉养之宜者之知，而实以之奉养，然后谓之致知。温清之事，奉养之事，所谓物也，而未可谓之格物。必其于温清之事也，一如其良知之所知当如何为温清之节者而为之，无一毫之不尽；于奉养之事也，一如其良知之所知当如何为奉养之宜者而为之，无一毫之不尽，然后谓之格物。温清之物格，然后知奉养之良知始致；奉养之物格，然后知奉养之良知始致。故曰"物格而后知至"。致其知温清之良知，而后温清之意始诚；致其知奉养之良知，而后奉养之意始诚。故曰"知至而后意诚"。此区区诚意、致知、格物之说盖如此。吾子更熟思之，将亦无可疑者矣。

来书云："道之大端，易于明白，所谓良知良能，愚夫愚妇可与及者。至于节目时变之详，毫厘千里之缪，必待学而后知。今语孝于温清定省，孰不知之。至于舜之不告而娶，武之不葬而兴师，养志、养口、小杖、大杖、割股、庐墓等事，处常处变，过与不及之间，必须讨论是非，以为制事之本。然后心体无蔽，临事无失。"

道之大端易于明白，此语诚然。顾后之学者忽其易于明白者而弗由，而求其难于明白者以为学，此其所以"道在迩而求诸远，事在易而求诸难"也。孟子云："夫道若大路然，岂难知哉？人病不由耳。"良知良能，愚夫愚妇与圣人同。但惟圣人能致其良知，而愚夫愚妇不能致，此圣愚之所由分也。节目时变，圣人夫岂不知，但不专以此为学。而其所谓学者，正惟致其良知，以精审此心之天理，而与后世之学不同耳。吾子未暇良知之致，而汲汲焉顾是之忧，此正求其难于明白者以为学之弊也。夫良知之于节目时变，犹规矩尺度之于方圆长短也。节目时变之不可预定，犹方圆长短之不可胜穷也。故规矩诚立，则不可欺以方圆，而天下之方圆不可胜用矣；尺度诚陈，则不可欺以长短，而天下之长短不可胜用矣；良知诚致，则不可欺以节目时变，而天下之节目时变不可胜应矣。毫厘千里之谬，不于吾心良知一念之微而察之，亦将何所用其学乎？是不以规矩而欲定天下之方圆，不以尺度而欲尽天下之长短，吾见其乖张谬戾，日劳而无成也已。吾子谓语孝于温清定省，孰不知之。然而能致其知者鲜矣。若谓粗知温清定省之仪节，而遂谓之能致其知，则凡知君之当仁者，皆可谓之能致其仁之知，知臣之当忠者，皆可谓之能致其忠之知，则天下孰非致知者邪？以是而言可以知致知之必在于行，而不行之不可以为致知也，明矣。知行合一之体，不益较然矣乎？夫舜之不告而娶，岂舜之前已有不告而娶者为之准则，故舜得以考之何典，问诸何人，而为此邪？抑亦求诸其心一念之良知，权轻重之宜，不得已而为此邪？武之不葬而兴师，岂武之前已有不葬而兴师者为之准则，故武得以考之何典，问诸何人，而为此邪？抑示求诸其心一念之良知，权轻重之宜，不得已而为此邪？使舜之心而非诚于为无后，武之心而非诚于为救民，则其不告而娶与不葬而兴师，乃不忠不孝之大者。而后之人不务致其电知，以精察义理于些心感应酬酢之间，顾欲悬空讨论此等变常之事，执之以为制事之本，以求临事之无失，其亦远矣。其余数端，皆可类推，则古人致知之学，从可知矣。

来书云："谓《大学》格物之说，专求本心，犹可牵合。至于《六经》、《四书》所载"多闻多见"、"前言往行"、"好古敏求"、"博学审问"、"温故知新"、"博学详说"、"好问好察"，是皆明白求于事为之际，资于论说之间者。用功节目固不容紊矣。"

格物之义，前已详悉，牵合之疑，想已不俟复解矣。至于多闻多见，乃孔子因子张之务外好高，徒欲以多闻多见为学，而不能求诸其心，以阙疑殆，此其言行所以不免于尤悔，而所谓见闻者，适以资其务外好高而已。盖所以救子张多闻多见之病，而非以是教之为学也。夫子尝曰："盖有不知而作之者，我无是也。"是犹孟子"是非之心，人皆有之"之义也。此言正所以明德性之良知非由于闻见耳。若曰"多闻择其善者而从之，多见而识之"，则是专求诸见闻之末，而已落在第二义矣，故曰"知之次也"。夫以见闻之知为次，则所谓知之上者果安所指乎？是可以窥圣门致知用力之地矣。夫子谓子贡曰："赐也，汝以予为多学而识之者欤？非也，予一以贯之。"使诚在于多学而识，则夫子胡乃谬为是说，以欺子贡者邪？一以贯之，非致其良知而何？《易》曰："君子多识前言往行，以畜其德。"夫以畜其德为心，则凡多识前言往行者，孰非畜德之事。此正知行合一之功矣。好古敏求者，好古人之学，而敏求此之心理耳。心即理也。学者，学此心也。求者，求此心也。孟子云："学问之道无他，求其放心而已矣。"非若后世广记博诵古人之言词，以为好古，而汲汲然惟以求功名利达之具于外者也。博学审问，前言已尽。温故知新，朱子亦以温故属之尊德性矣。德性岂可以外求哉？惟夫知新必由于温故，而温故乃所以知新，则亦可以验知行之非两节矣。"博学而详说之"者，将以反说约也。若无反约之云，则博学详说者，果何事邪？舜之好问好察，惟以用中而致其精一于道心耳。道心者，良知之谓也。君子之学，何尝离去事为而废论说。但其从事于事为论说者，要皆知行合一之功，正所以致其本心之良知，而非若世之徒事口耳谈说以为知者，分知行为两事，而果有节目先后之可言也。

来书云："杨、墨之为仁义，乡愿之辞忠信，尧、舜、于之之禅让，汤、武、楚项之放伐，周公、莽、操之摄辅，谩无印证，又焉适从？且于古今事变、礼乐名物，未尝考识，使国家欲兴明堂，建辟雍，制历律，草封禅，又将何所致其用乎？故《论语》曰'生而知之者，义理耳。若夫礼乐名物，古今事变，亦必待学而后有以验其行事之实'。此则可谓定论矣。"

所喻杨、墨、乡愿、尧、舜、子之、汤、武、楚项、周公、莽、操之辨，与前舜、武之论，大略可以类推。古今事变之疑，前于良知之说，已有规矩尺度之喻，当亦无俟多赘矣。至于明堂、辟雍诸事，似尚未容于无言者。然其说甚长，姑就吾子之言而取正焉，则吾子之惑将亦可少释矣。夫明堂、辟雍之制，始见于吕氏之《月令》，汉儒之训疏。《六经》、《四书》之中，未尝详及也。岂吕氏、汉儒之知，乃贤于三代之贤圣乎？齐宣之时，明堂尚有未毁，则幽、历之世，周之明堂皆无恙也。尧、舜茅茨土阶，明堂之制未必备，而不害其为治。幽、历之明堂，固犹文、武、成、康之旧，而无救于其乱。何邪？岂能以不忍人之心，而行不忍人之政，则虽茅茨土阶，固亦明堂也；以幽、历之心，而行幽、历之政，则虽明堂，亦暴政所自出之地邪？武帝肇讲于汉，而武后盛用于唐，其治乱何如邪？天子之学曰辟雍，诸候之学曰泮宫，皆象地形而为之名耳。然三代之学，其要皆所以明人伦，非以辟不辟、泮不泮为重轻也。

孔子云："人而不仁，如礼何？人而不仁，如乐何？"制礼作乐，必具中和之德，声为律而身为度者，然后可以语此。若夫器

数之末，乐工之事，祝史之守。故曾子曰："君子所贵乎道者三，笾豆之事则有司存也。"尧"命羲和，饮若昊天，历象日月星辰"，其重在于"敬授人时"也。舜"在璇玑玉衡"，其重在于"以齐七政"也。是皆汲汲然以仁民之心而行其养民之政。治历明时之本，固在于此也。羲和历数之学，皋、契未必能

之也，禹、稷未必能之也，尧、舜之知而不偏物，虽尧、舜亦未必能之也。然至于今循羲和之法而世修之，虽曲知小慧之人，星术浅陋之士，亦能推步占候而无所忒。则是后世曲知小慧之人，反贤于禹、稷、尧、舜者邪？

封禅之说尤为不经，是乃后世佞人谀士所以求媚于其上，倡为夸侈，以荡君心而靡国费。盖欺天罔人无耻之大者，君子之所不道，司马相如之所以见讥于天下后世也。吾子乃以是为儒者所宜学，殆亦未之思邪？夫圣人之所以为圣者，以其生而知之也。而释《论语》者曰："生而知之，义理耳。若夫礼乐名物，古今事变，亦必待学而后有以验其行事之实。"夫礼乐名物之类，果有关于作圣之功也，而圣人亦必待学而后能知焉，则是圣人亦不可以谓之生知矣。谓圣人为生知者，专指义理而言，而不以礼乐名物之类。则是礼乐名物之类无关于作圣之功矣。

圣人之所以谓之生知者，专指义理而不以礼乐名物之类，则是学而知之者。亦惟当学知此义理而已。困而知之者，亦惟当困知此义理而已。今学者之学圣人，于圣人之所能知者，未能学而知之，而顾汲汲焉求知圣人之所不能知者以为学，无乃失其所以希圣之方欤？凡此皆就吾子之所惑者而稍为之分释，未及乎拔本塞源之论也。

夫拔本塞源之论不明于天下，则天下之学圣人者，将日繁日难，斯人沦于禽兽夷狄，而犹自以为圣人之学。吾之说虽或暂明于一时，终将冻解于西而冰坚于东，雾释于前而云滃于后，呶呶焉危困以死，而卒无救于天下之分毫也已。

夫圣人之心，以天地万物为一体，其视天下之人，无外内远近。凡有血气，皆其昆弟赤子之亲，莫不欲安全而教养之，以遂其万物一体之念。天下之人心，其始亦非有异于圣人也，特其间于有我之私，隔于物欲之蔽，大者以小，通者以塞。人各有心，至有视其父、子、兄、弟如仇雠者。圣人有忧之，是以推其天地万物一体之仁以教天下，使之皆有以克其私，去其蔽，以复其心体之同然。其教之大端，则尧、舜、禹之相授受，所谓"道心惟微，惟精惟一，允执厥中"。而其节目，则舜之命契，所谓"父子有亲，君臣有义，夫妇有别，长幼有序，朋友有信"五者而已。唐、虞、三代之世，教者惟以此为教，而学者惟以此为学。当是之时，人无异见，家无异习，安此者谓之圣，勉此者谓之贤，而背此者，虽其启明如朱，亦谓之不肖。下至闾井田野，农、工、商、贾之贱，莫不皆有是学，而惟以成其德行为务。何者？无有闻见之杂，记诵之烦，辞章之靡滥，功利之驰逐，而但使孝其亲，弟其长，信其朋友，以复其心体之同然。是盖性分之所固有，而非有假于外者，则人亦孰不能之乎？

学校之中，惟以成德为事。而才能之异，或有长于礼乐，长于政教，长于水土播植者，则就其成德，而因使益精其能于学校之中。迨夫举德而任，则使之终身居其职而不易。用之者惟知同心一德，以共安天下之民，视才之称否，而不以崇卑为轻重，劳逸为美恶。效用者亦惟知同心一德，以共安天下之民，苟当其能，则终身处于烦剧而不以为劳，安于卑琐而不以为贱。当是之时，天下之人熙熙皞皞，皆相视如一家之亲。其才质之下者，则安其农、工、商、贾之分，各勤其业，以相生相养，而无有乎希高慕外之心。其才能之异，若皋、夔稷、契者，则出而各效其能。若一家之务，或营其衣食，或通其有无，或备其器用，集谋并力，以求遂其仰事育之愿，惟恐当其事者之或怠而重己之累也。故稷勤其稼，而不耻其不知教，视契之善教，即己之善教也；夔司其乐，而不耻于明礼，视夷之通礼，即己之通礼也。盖其心学纯明，而有以全其万物一体之仁。故其精神流贯，志气通达，而无有乎人己之分，物我之间。譬之一人之身，目视、耳听、手持、足行，以济一身之用。目不耻其无聪，而耳之所涉，日必营焉。足不耻其无执，而手之所探，足必前焉。盖其元气充周，血脉条畅，是以痒疴呼吸，感触神应，有不言而喻之妙。此圣人之学所以至易至简，易知易从，学易能而才易成者，正以大端惟在复心体之同然，而知识技能非所与论也。

三代之衰，王道熄而霸术昌。孔孟既没，圣学晦而邪说横，教者不复以此为教，而学者不复以此为学。霸者之徒，窃取先王之近似者，假之于外以内济其私己之欲，天下靡然而宗之，圣人之道遂以芜塞。相仿相效，日求所以富强之说，倾诈之谋，攻伐之计。一切欺天罔人，苟一时之得，以猎取声利之术，若管、商、苏、张之属者，至不可名数。既其久也，斗争劫夺，不胜其祸，斯人沦于禽兽夷狄，而霸术亦有所不能行矣。

世之儒者慨然悲伤，蒐猎先圣王之典章法制，而掇拾修补于煨烬之余，盖其为心、良亦欲以抚回以先王之道。圣学既远，霸术之传，积渍已深，虽在贤知，皆不免于习染，其所以讲明修饰，以求宣畅光复于世者，仅足以增霸者之藩篱，而圣学之门墙，遂不复可堵。于是乎有训诂之学，而传之以为名；有记诵之学，而言之以为尊；有词章之学，而侈之以为丽。若是者，纷纷籍籍，群起角立于天下，又不知其几家。万径千蹊，莫知所适。世之学者如入百戏之场，戏谑跳踉，骋奇斗巧，献笑争妍者，四面而竞出，前瞻后盼，应接不遑，而耳目眩瞀，精神恍惑，日夜遨游淹息其间，如病狂丧心之人，莫自知其家业之所归。时君世主亦皆昏迷颠倒于其说，而终身从事于无用之虚文，莫自知其所谓。间有觉其空疏谬妄，支离牵滞，而卓然自奋，欲以见诸行事之实者，极其所抵，亦不过为富强功利，五霸之事业而止。

圣人之学日远日晦，而功利之习愈趋愈下。其间虽尝瞽惑于佛老，而佛老之说卒亦未能有以胜其功利之心。虽又尝折衷于群儒，而群儒之论终亦未能有以破其功利之见。盖至于今，功利之毒沦浃于人之心髓，而习以成性也，几千年矣。相矜以知，相轧以势，相争以利，相高以技能，相取以声誉。其出而仕也，理钱谷者则欲兼夫兵刑，典礼乐者又欲与于铨轴，处郡县则思藩臬之高，居台谏则望宰执之要。故不能其事则不得以兼其官，不通其说则不可以要其誉。记诵之广，适以长其敖也；知识之多，适以行其恶也；闻见之博，适以肆其辨也；辞章之富，适以饰其伪也。是以皋、夔、稷、契所不能兼之事，而今之初学小生皆欲通其说，究其术。其称名僭号，未尝不曰吾欲以共成天下之务，而其诚心实意之所在，以为不如是则无以济其私而满其欲也。

呜呼。以若是之积染，以若是之心志，而又讲之以若是之学术，宜其闻吾圣人之教，而视之以为赘疣枘凿；则其以良知为未足，而谓圣人之学为无所用，亦其势有所必至矣。

呜呼。士生斯世，而尚何以求圣人之学乎？尚何以论圣人之学乎？士生斯世，而欲以为学者，不亦劳苦而繁难乎？不亦拘滞而险艰乎？呜呼，可悲也已。所幸天理之在人心，终有所不可泯，而良知之明，万古一日，则其闻吾拔本塞源之论，必有恻然而悲，戚然而痛，愤然而起。沛然若决江河，而有所不可御者矣。非夫豪杰之士，无所待而兴起者，于谁与望乎？

译 文

来信中说："近代的学者，都只是致力于外物而遗失了内心，虽然博学但是缺乏根基。所以先生您特别倡导'诚意'这一要义，针贬世人业已很深的弊病，这诚然是极大的恩惠呀！"

先生您能如此洞见时弊，那打算如何施救呢？既然鄙人的想法，先生您已经一句道尽，我还能再说什么呢？就比如"诚意"的说法，自然是孔子门中教人下功夫的第一要义，但近世的学者却当作次要的事情看待，所以我也只能稍微强调一下，并非我这种鄙陋之人能特别倡导的。

来信中说："只是害怕立论太高，用功太快，对后世师徒相传造成影响，产生谬误，就未免坠入佛家宣扬的'明心见性'、'定慧顿悟'的投机方法中，也不怪别人对您的学说产生怀疑。"

我所倡导的微不足道的"格、致、诚、正"的学说，是从学者本心和日常之事出发，通过体悟、探究、实践、履行等方法，实实在在地用功，这中间包括了多少个阶段、多少的积累呀！正好与空虚顿悟的学说相反。道听途说的人本来就没有求索圣人之志的想法，更没有去探究其中的细节，这样轻率地怀疑，也没什么可奇怪的。像先生这样高明的人，自然应该一句话就了然于胸才对。但却也说什么"立论太高"、"用功太快"的话，这又是为什么呢？

来信中说："您主张的'知、行并进，不应该有先后之分'的说法，也就是将《中庸》中所说的'尊德性而道问学'的功夫，交相进行，相互促进，无论内外本末，一以贯之的方法。然而下功夫应有个阶段性，不能没有先后的差别，就像先知道食物然后才食用，知道热水然后才喝，知道衣服然后再穿，知道道路然后才走，没有还没看到这个物，就先做出相关的行为的。不过知和行仅有毫厘的差别，界限并不清晰，并不是今天知道了，等明天才去做。"

您既然已经说了"交相进行，相互促进，无论内外本末，一以贯之"这样的话，就一定知道"知和行齐头并进"的说法是没必要怀疑的。但是还说"下功夫应有个阶段性，不能没有先后的差别"，这难道不是自相矛盾吗？"先知道食物然后食用"等说

45

法，尤其明白易懂。但先生您被近来的说法所蒙蔽，自己都没有察觉。一般来说，人一定是先有想吃东西的想法，然后才会感知到食物，想吃东西的想法就是意，也就是行为的开端。至于食物味道的好坏，一定要等入口以后才会知道，哪有还没入口就已经预先知到食物味道的好坏的呢？一定是先有想要行走的想法，然后才会感知到道路，想要行走的想法就是意，也就是行的开端。道路是艰险还是平坦，一定要等到亲自走过之后才能知道，哪有还没有亲自身走过就已经预先知道道路是艰险还是平坦的呢？知道热水然后才喝，知道衣服然后再穿，也都是这样的例子，全都不容怀疑，像先生您所打的比方，恰恰就是所谓的"还没看到这个物，就先做出相关的行为"的例子。先生您还说"不过仅有毫厘的差别，并非界限并不清晰，并不是今天知道了，等明天才去做"。这也是研究还并不精细呀。然而就算按照您的说法来看，那么"知行合一，齐头并进"的观点，也断然是不容怀疑的呀。

来信中说："真知就是知道怎样行的，不行就不算得到真知，这就是督促学者抓紧要点，确立教导，亲自努力实行。如果真的说行就是知，恐怕他们就会一门心思寻求自己的本心，便遗弃了万物中的理，就一定会有蒙昧不达之处，难道这就是孔门'知行并进'的成规吗？"

知的真切笃实之处就是行，行的精察明白之处便是知。知和行的功夫，本来就是不可分离的。只是因为后世学者将其分成两部分来用功，这样便知失去了知和行的本体，所以才有"合二为一，齐头并进"的说法，真知就是指导怎样去行，不行就不算是得到真知。就像您来信所说的"先知道食物然后食用"等比喻就能说明，前面已经大略提过。这虽然是为了抓住要点和挽救时弊，然而知和行的本体本来就是这样，并非用我的一己之见在其中妄加褒贬，或者即兴提出这样的学说，用以制造一时的轰动。"专心寻求自己的本心，便遗弃了万物中的理"，这种行为本来就是失去本心的。一般说来，万物的理并不在我心之外，在我心之外寻求万物之理，便找不到万物之理。如果放弃万物之理去寻求自己的心，那么自己的心又能算是何物呢？心的本体是性，性也就是天理。所以有孝顺双亲的心，就会有尽孝的天理；没有孝顺双亲的心，就没有尽孝的天理了。有忠君的心，就有尽忠的天理；没有忠君的心，也就没有尽忠的天理了。天理难道在自己的心外吗？晦庵先生认为："人能治学的原因，不过是心和理而已。心虽然在身体中，但实际上却掌管着天下的理。理虽然散在万事万物之中，实际上却不外乎在一人心中。"这样，心和理在一分一合之间，便不免已经引发学者将心和理一分为二的弊病。后世有"专心寻求自己的本心，便遗弃了万物中的理"这一弊病的原因，正是不知道心就是理而已。一般说来，在心之外寻求万物之理，就会有蒙昧不通之处，这也就是告子认为义在外，而孟子认为他其实不知道义为何物的原因。心只有一个，从它的全部恻隐之情来看，就称其为"仁"；从它能忖度适宜的方面来看，就称其为"义"；从它条理清晰的方面来看，就称其为"理"。既然不可能在心以外求索到仁，也不可能在心以外求索到义，难道可能在心以外求索到理吗？在心以外求索理，这就是知和行之所以一分为二的原因。在自己的心中求理，这才是孔门知行合一的教诲，先生您又为何要怀疑呢？

来信中说："您所解释的《大学》古本，认为'致其本体之知'，这固然是《孟子》中'尽心'说的主旨。朱熹先生也认为'虚灵知觉'就是心的本体，但是实现'尽心'是通过'知性'，达到'致知'更在于'格物'。""'尽心'是通过'知性'，达到'致知'更在于'格物'。"这个话没错。然而推究先生您的本意，之所以说出这样的话，是因为还没有完全明白我的话。朱熹先生认为"尽心"、"知性"、"知天"就是"物格"和"知致"，将"存心"、

"养性"、"事天"当作"诚意"、"正心"和"修身",把"夭寿不贰,修身以俟"看作"知至"和"仁尽",这些都是圣人的事业。但是鄙人的见解,与朱先生正好相反。一般来说"尽心"、"知性"、"知天"这些,属于"生知安行"的范畴,是圣人的事业;"存心"、"养性"、"事天"这些,属于"学知利行"的范畴,是贤人的事业;"夭寿不贰,修身以俟"的情况,属于"困知勉行"的范畴,是求学之人的事业。怎么可以简单地仅仅归结为"尽心知性"为知,"存心养性"为行呢?先生您一听这样的话,一定又会大为惊骇!但是其中的确是无可置疑的,我这就一一为先生您道来。心的本体,是性;性的本原,是天。所以说,能够尽心,也就能够尽性。《中庸》中说:"惟天下至诚为能尽其性。"还说:"知天地之化育,质诸鬼神而无疑,知天也。"这些只有圣人才能发现。所以说"生知安行"是圣人的事业。存养自心的人,未必能尽自己的心,所以一定要多下功夫去存养。一定要存养很久,到一定的时候不需要刻意存养,也能自然而然地存养,再然后才可以继续说"尽心"的事情。这样说吧,"知天"的"知",就跟"知州"、"知县"的"知"是一样的。知州要把一州的事情都当作自己的事情,知县要把全县的事情也都当作自己的事情,同样知天就是与天合一。"事天"就如同儿子侍奉父亲,臣子侍奉君主,"事天"意味着与天还是分而为二的。上天之所以赋予我生命,是因为心,也就是因为性。我只能保存而不敢随意失去,保养更不敢有一点损害,就像"父母全而生之,子全而归之"的情况。所以说这种"学知利行"是贤人的事业。至于"夭寿不贰",与"存心"之间还有不同。存心者即使并不一定能尽心,但已经一心为善,只是有时"存",有时"不存"而已。现在如果要学者们做到"夭寿不贰",这还是在用夭折和长寿动摇他们的心呀。用夭折和长寿动摇他们心,是因为他们的为善之心还不能专一,"存心"都还没做好,又怎么能谈"尽心"呢?

现在姑且认为他们不会因为夭折和长寿动摇到为善之心。如果说死、生、夭、寿都是命中注定，我只是一心为善，修持我的身体以等待天命到来而已，这是因为平时他们都不知道还有"天命"，"事天"虽然与天是两码事，但是却已经真正知道了天命的所在，只是恭敬的侍奉天而已。像"俟之"一类的话，那是还没有真正地知道天命的所在，所以才要有所等待，所以说"所以立命"，"立"在这里是创立的"立"，比如"立德"、"立言"、"立功"、"立名"之类。但凡说"立"的时候，都是针对过去没有做而在今天才开始建立的事而言的。就像孔子所谓的"不知命，无以为君子"。所以说：困知勉行，是治学之人的事业。今天把"尽心"、"知性"、"知天"当作"格物致知"，就致使初学之人，内心还尚未专，就急切地用圣人"生知安行"的观点来苛求自己。就像捕风捉影一样，使人茫然不知道该怎么办。这样怎么不会造成"率天下而路"的后果呢？"致知格物"的弊端，在今天也已经昭然可见了。先生您所谓"致力于外部而遗失了内心，学问广博而缺乏根基"的情况，不也正错在这里吗？这是做学问最要紧之处，在这里出差错，以后就会处处出差错。这就是鄙人之所以冒着被天下非议嘲笑的危险，而忘记自身可能陷入的罪责，翻来覆去地说这些话，不容打断的原因。

来信中说："听学生们说，您所谓的'即物穷理'的说法也是玩物丧志，还取了朱子的'厌繁就约'、'涵养本原'等几种说法标示给学生，认为是朱子晚年的定论，这恐怕也是不对的。"

朱子所谓的"格物"，正在于"即物而穷其理"。"即物穷理"就是从万事万物中寻找所谓的定理，就是用自己的心在万事万物中求取天理，这也就是将心与理一分为二。在万事万物中求取天理，就好比在父母双亲身上求取孝的理，在双亲身上求取孝的理，那么孝的理就果真在自己身上吗？还是在双亲的之身上呢？假使果真在双亲的身上，那么父母去世以后，自己的心中就没有孝的理了吗？

看见小孩落到井里，一定会产生恻隐之理。那么恻隐之理到底是在小孩的身上？还是存在于自己心中的良知呢？难道不能跟随小孩一块掉到井里吗？难道不施以援手吗？这些都是所谓的天理。但是天理究竟是在小孩子身上呢？还是出于自己心中的良知呢？用这个来衡量，那么万事万物中的理就没有例外的。从这就能知道将心与理一分为二的错误了。将心与理一分为二，这正是告子的"义在外"的说法，为孟子所深恶痛绝。"致力于外部而遗弃了内心，知识广博但缺乏根基"，先生您既然已经知道这是错误的，那又是否知道为什么错呢？称之为"玩物丧志"，您还认为有什么不对吗？至于鄙人所说的"致知格物"，是指将自己心中的良知天理推及到万事万物。自己心中的良知，就是所谓的"天理"。将自己心中的良知的"天理"推及到万事万物，那么万事万物就都会得到天理。推广自己心中的良知，就是"致知"。万事万物都得其天理，就是"格物"了。这种做法就是将心与理重新合二为一。将心与理合二为一，那么我之前说的那些话，与"朱子晚年定论"的观点，就都是不言而喻的了。

来信中说："人心的本体，原本就没有不明澈的。只是受到内气的拘束和外物的蒙蔽，很少有不昏昧的。如果不通过学习、提问、思考、辨析，来明了天下的真理，那么善、恶的由来，真切、虚妄的区别，自己便无法发觉，如果纵情恣意，可能造成的危害就说也说不完。"

这段话的意思似是而非，可能是沿袭了旧说的错误，不能不明辨。一般说来学习、提问、思考、辨析和践行，都是为学之道，没有学习了却不践行的。就好比说学孝，就必须服侍奉养、躬行孝道，然后才能称为学。哪里有只夸夸其谈就可以称之为"学孝"的呢？学射箭，就一定要张弓搭箭，拉满弓弦以后射中目标。学书法，就一定要铺好纸张握好笔，操执木简研好墨。天下所有的学问，没有不身体力行就能轻率称之为"学"的。学习从一开始，就已经包含了"行"的内容。"笃"，就是宽厚踏实的意思。这就已经是"行"了，踏实地实践，就是用功不止的意思。学习中不可能没有疑惑，这就需要提问。问也是一种学习，也就是"行"。问过之后还有疑惑，就要思考，思考也是学习的过程，同样也是"行"。思考的时候还是会有疑惑，就会有辨析，辨析也是学习，也同样是"行"。辨析以后明白了，思考要谨慎，提问要审慎，才能学有所成，然后再继续用功不止，这就是所谓的笃行。并不是说学习、提问、思考、辨析之后才开始践行。因此，从亲身实践的角度来说，称为"学习"；从寻求接触疑惑的角度来说，称为"提问"；从希望贯通学问的角度来说，称为"思考"；从追求精确考察的角度而言，称为"辨析"；从落实到实践角度而言，称为"践行"。一般来说，分析学的功能，就是五件事，整合到一块其实是一体的。这就是我微不足道的"心理合一"之说的本体和"知行并进"的功夫，不同于后世的其他说法的原因，也正在这里。现在先生您特地举出学习、提问、思考、辨析的说法，用来穷天下之理，但是却没有提及"笃行"，这就是只把学、问、思、辨当作知，而认为不用通过行也可以穷理。天下哪里有不践行的学习呢？哪里有不践行就可以轻率称之为穷理的呢？明道先生程颢说过："只穷理，便尽性至命。"所以一定要施行仁爱到了极致，然后才能说已经穷尽了仁爱的理；履行道义到了极致，然后才能说已经穷尽道义的理；施行仁爱到了极致，就是尽仁之性。履行道义到了极致，就是尽了义之性。学习道了穷理的地步，但是却未能付诸行动，天下难会有这样的事情吗？因此"知而不行"就不可以称为学，那么"知而不行"就不可以被归为"穷理"。既然知而不行不可以被归为"穷理"，那么就会知道知和行二者合一并进，是不可以分成前后两个阶段的。万事万物中的天理，没有超出自己心之外的。但是一定说想要穷尽天下之理，这样恐怕是因为自己心中的良知不够，才一定向外面广阔的天地间寻求，以增补自己的不足，其实还是将心与理一分为二。而且学、问、思、辨、笃行的功夫，即使勤奋用功达到别人的一百倍，扩充到极致，甚至到了"尽性知天"的境界，也不过了解到了自己心中的良知而已。良知之外，哪里还能增加一丝一毫呢？现在一定要说穷尽天下的理，却不知道反过来对自己的内心求取，那么所谓的善和恶的来由，真切和虚妄的区别，舍弃了自己心中的良知，又将用什么来体察这些呢？先生您所说的"被内气所拘束，被外物所蒙蔽"，不过是被想穷尽天下的理的想法所拘束、所蒙蔽。现在想要解除这种蒙蔽，不知道致力于内心，却想向外求助，就犹如眼睛看不见的人，不好好服药调理以治疗眼睛，反而无所适从地向身外去求索方法。名目难道可以在身体之外获得吗？任情恣意的危害，也是因为不能精察天理就是自己心中的良知而已。这果真是差之毫厘，谬之千里呀，不容我不与您辩论，还望先生您别认为我的言论太苛刻了。

来信中说："您教导别人致知、明德，又不让他们即物穷理。试想让一个昏庸的人，深居端坐，听不到教诲，这样就能达到知致和德明的境界吗？就算能让他静心自我觉察，稍稍参悟本性，那也是佛门中'定慧'、'无用'之类的见解。难道真能博古通今，明达事变，并以此为天下国家有一些实际的用处吗？您说的'知是意念的体，物是意念的用'，'格物类似于格君心之非的格'。虽说话说得高超独到，也独辟蹊径，没说前人的老话，但恐怕跟大道并不相吻合吧？"

我微不足道的"致知格物"的说法，正是为了穷理，从来没有不准别人穷理，也从来不会让人在那里深居端坐却无所事事。您认为"即物穷理"，就像之前说的"致力于外部却遗弃了内心"，那是不可以的。昏庸之人，如果真能够随着一事一物精心体察自己心中的天理，从而恢复到本来的良知，那么即使愚昧也必然会澄明，即使柔弱也必然会强大，根本确立了以后就能走上大道，《中庸》中所说的"九经"，就可以一次贯通并且不会有遗漏。又何必担心没有实际用途呢？至于那些顽固地想依靠空、虚、静等方法的佛教徒，正是因为不能跟具体的一事一物精心体察自己心中的天理，并且恢复本来的良知，于是就遗弃了伦理，将寂灭虚无当作惯常，所以就算强行要求，他们都不可以治理家国天下。谁说圣人"穷理尽性"的学说，也有这种弊端呢！心，是身体的主宰，而心中虚灵明觉的部分，就是所谓的本来的良知。那种被虚灵明觉的良知的触动而感知到的，就是意。先有感知然后就有意念，没有感知就没有意念。"知"不是"意"的本体吗？意念要发挥作用，一定要有相应的物，物也就是事。如果意念作用于侍奉双亲，侍奉双亲就是相应的物；意念作用于治理百姓，那么治理百姓民就是相应的物；意念作用于读书，那么读书就是相应的物；意念作用于听讼，那么听讼也就是相应的物。只要是意念发生作用的时候，就不会没有相应的物。有这样的意念就会有相应的物，没有这种意念就不会有相应的物了。物难道不是意念的作用吗？"格"字的意义，有人用"至"字来解释，例如"格于文祖"、"有苗来格"，这些都是用"至"来解释的。但是"格于文祖"，一定要纯孝诚敬，对天地阴阳间的道理应该无所不通，然后才能后称之为"格"，苗人顽固不化，需要先经过"文德诞敷"然后再"格"，所以可以知道其中也包含了"正"的意思，未必可以只用一个"至"字就全都能解释清。

又如同"格其非心"、"大臣格君心之非"之类的情况，这些都是"正其不正以归于正"的意思，就不可以用"至"字来解释。而且对《大学》中"格物"的解释，又哪里能知道它不是按照"正"字来解释的，而一定要用"至"字的意思呢？如果用"至"字为作为"格"的意思，一定要说"穷至事物之理"，然后才解释得通。这里下功夫的要点，全在一个"穷"字，用力之处，全在一个"理"字上。如果前面去掉"穷"字，后面去掉"理"字，就直截了当地说"致知在至物"，难道可以说通吗？要知道"穷理尽性"，是圣人的成训，可以在《系辞》中看到。如果"格物"的说法果真是"穷理"的意思，那么圣人为何不直接说"致知在穷理"，而非要在这里说一句转折而且不完整的话，以此导致后世的弊病？仔细追究一下，《大学》中"格物"的说法，自然与《系辞》中"穷理"的意思大致相同，但是稍微有一些区别。"穷理"，兼有格、致、诚、正的工夫。所以说到"穷理"的时候，格、致、诚、正的功夫就都提到了。说到"格物"的时候，就一定兼有致知、诚意、正心的意思，然后所下的功夫才开始完备和严密。现在单单举出"格物"，然后就说"穷理"，这就是只把"穷理"归属到"知"中，而认为"格物"中并不包括"行"的部分。这样非但得不到"格物"的要义，并且连"穷理"的意思也丧失了。这就是后世的学者之所以会将知和行分为有先后顺序的两部分，使二者支离破碎的原因，而圣人的学问日益残损晦涩，其发端就在这。先生您大概也未免因袭陈说，于是就认为我"与大道不相吻合"，这就不奇怪了。

来信中说："您认为下致知的功夫，就是对待父母时要做到冬温夏凊，如何奉养，就做到诚意，不需要另外去格物，这恐怕也是不对的。"

这是先生您用自己的想法去揣测我短浅的见识，才会有这样的说法，并非是我所要对您说明的情况。如若果真像先生您说的那样，难道还有能说通之处吗？简单说来，鄙人的见解，就是说冬温夏凊、想要奉养父母的想法，就是所谓的"意"，但是并不能称为"诚意"。一定要实行冬温夏凊的奉养的想法，就一定要讲求内心满足，并且不能自欺欺人，这样才能说是有"诚意"。知道如何才能做到冬温夏凊的礼节，知道如何才能恰到好处地奉养父母，才是所谓的"知"，但不可以说是"致知"。一定要实际做到知道如何才是施行了冬温夏凊的礼节，并且切实做到了冬温夏凉，同时达到知道怎样尽到恰到好处地奉养父母的方式，并且付诸行动去奉养，才能称为"致知"。冬温夏凊的事情，奉养父母的方式，还仅仅是所谓的"物"，而并不能称为是"格物"。一定要切实做到冬温夏凊的事情，就像自己的良知所指示的应当怎样做到相应的礼仪，没有一丝遗憾；对于奉养父母的方法，也就像是自己的良知所指示的应当怎样做到恰到好处奉养父母的责任，没有一丝遗憾，然后才能说是"格物"。冬温夏凊的"物"被"格"之后，才能开始感知到冬温夏凊的良知；奉养父母的"物"被"格"以后，才能开始感知到奉养父母的良知。所以说"物格而后知至"。贯彻了自己知道冬温夏凊的良知，然后冬温夏凊的意念才开始"诚"；懂了自己奉养父母的良知以后，奉养父母的意念才开始"诚"。所以说"知至而后意诚"。这就是我微不足道的诚意、致知、格物等说法的大概意思。请先生您在深入地思考一下，可能也就会没有疑惑之处了。

来信中说："道的主旨，容易明白，所谓的'良知良能'，就算是愚夫愚妇都能与之谈及。至于细节项目方面随着时间而变化的详细内容，在理解上，往往差之毫厘，谬之千里，一定要等到学习以后才能知道。现在您所说的孝仅限于冬温、夏清、昏定、晨省一类，有谁不知道？至于像舜没有禀告父亲就娶妻，武王没有埋葬文王就起兵，曾参顺从父母心意而曾元满足父母口腹，小杖受而大杖逃，割股疗亲，守葬三年等事，或者出于常规，或者出于变通，或者过份，或者不及之间，必须要先讨论出是与非，做出裁定标准。这样心体才不会受到蒙蔽，事到眼前是才不会有过失。"

大道的主旨容易明白，这句话诚然没错，只可惜后世的学者忽略了容易明白的方面不去继承，却偏偏要向那些难于明白的方面去学习，这就是所谓的"道在迩而求诸远，事在易而求诸难"。孟子说过："夫道若大路然，岂难知哉？人病不由耳。"良知良能，愚夫愚妇跟圣人共同具有，但只有圣人能够感知并且持守良知，愚夫愚妇们却做不到，这就是圣明与愚昧的区别。细节项目等会应时而变，圣人怎么能不知道？只是他们并没有一味学习这些而已。而他们所谓的学习，正在于一心一意地追求真知，并从中仔细体察自己心中的天理，这就是与后世学者的不同之处了。先生您还没来得及修持良知，却反倒急急忙忙地忧心细节项目，这正是犯了"把追求难以明白的当作学问的"弊病。一般说来良知对于细节项目应时而变，就如同规矩尺度与方圆长短的关系。细节项目应时而变是无法预先确定的，就如同方圆长短没办精确衡量。所以才立下规矩，这样就无法在方圆上作假了，于是天下方圆发挥的作用才会用之不竭；确定出尺度，就没办法在长短上作假，那么天下的长短所发挥出的作用就无穷无尽了；良知一旦达成，便不可以在细节项目应时而变等方面作假，那么天下的细节项目应时而变就会对应自如了。差之毫厘，谬之千里，不从自己心中良知的一念之差中省察，那学问又有什么用？这就好比不用规矩就想定出天下的方圆，不靠尺量就想测出天下的长短，我看到这种人偏执怪僻、悖谬乖戾，每日辛劳却一事无成，先生您所说的将孝仅限于冬温、夏清、昏定、晨省一类，谁人不知。然而能在此事上致知的人几乎没有。如果说粗略地了解一些温清定省的礼仪，就能说已经致知，那么只要是知道君主应当仁爱的人，就都可似称为在仁爱方面致知了，知道臣子应该忠心的人，就都可以称为在忠心方面致知了，那么天下哪个人不能致知呢？由此来说，可以知道致知一定要有亲自实践，没有亲自实践过就不可以说是致知，这是很明了的。知行合一的问题，不就更加清楚了吗？至于舜没有禀告父亲就娶妻，难道是在舜之前就已经有不禀告父亲就娶妻的标准了，所以舜就考据了某本典籍，询问某个人以后，才这样做的吗？还是向内心寻求一念的良知，权衡轻重，不得已才做的呢？武王没有埋葬文王就起兵，难道说武王之前已经有了不埋葬父亲就起兵的成规，所以武王就考据了某本典籍，询问过某个人以后，就这样做了吗？还是也向内心寻求一念的良知，权衡轻重，不得已才这样做的呢？假使舜心中并非诚挚地担心无后，武王心中并非诚挚地想救民于危难，那么他们不禀告父亲就娶妻和没有埋葬父亲就起兵的作法，无疑是非常不孝不忠的。而后世之人不努力地致力于感知持守自己的良知，仔细的体察义理在自己心中的感应和交流，反而凭空讨论这些非常之时的事情，一次作为处理事情的准则，力求事到临头的时候不违背法度，那就差得太远了。您列举的其余几件事，都可以此类推，那么古人致知的学问，从这就都可以了解到了。

来信中说："您认为《大学》中'格物'的说法，仅指寻求自己的本心，还算勉强说得通。至于'六经'、'四书'中所记载的'多闻多见'、'前言往行'、'好古敏求'、'博学审问'、'温故知新'、'博学详说'、'好问好察'等，都明明白白地说了要在处事中寻求，要在论说中得益。这些下功夫的礼节项目不容混淆。"

我的"格物"的观点，前面都已经详细陈说过，您所谓的"勉强说得通"，想来我已经不必再解释了。至于"多闻多见"，是孔子因为子张致力于外物并且好高骛远，以为只有多闻多见才是学问，却不能向自己的内心寻求，最后不免心存疑惑，所以这样的言行不免会招致过错和悔恨，而且所谓的"见闻"，也只是子张好高骛远的资本。所以孔子这样说其实是为了救治子张"多闻多见"的弊病，而并非以此来教导他学习。孔子曾经说过："盖有不知而作之者，我无是也。"这与孟子"是非之心，人皆有之"的意义相同。这个话正好可以用来说明，德性的良知并不是来自于见闻。如果说"多闻择其善者而从之，多见而识之"，那就是专门到见闻的细枝末节上去寻求，就已经落到第二等上了，所以才说是"知之次也"。将从见闻中得来的知识当作次要的，那么所谓的上等的知识又指的是什么呢？从这里可窥探到孔门在"致知"上是如何用功的了。孔子曾对子贡说："赐也，汝以予为多学而识之者欤？非也，予一以贯之。"假如求知真的在多学而识，那么孔子为什么要故意说错，来欺骗子贡呢？"一以贯之"的意思，不是致良知又是什么？《易经》中说："君子多识前言往行，以蓄其德。"如果把"蓄其德"作为中心，那么"多识前言往行"，怎么会不是"蓄德"的事呢？这正是"知行合一"的功夫呀。"好古敏求"的意思，就是喜好古人的学问，尽力去寻求自己心中天理。心，就是理。学习，就是要学习自己的心。寻求，也是要寻求自己的心。孟子曾说："学问之道无他，求其放心而已矣。"并不像后世学者那样，广记博诵古人的言词，并且认为这就是"好古"，而忙忙碌碌地只知道向外寻求功名利禄。"博学审问"，前面已经说得够清楚明白的了。至于"温故知新"，朱熹先生也把"温故"归类到"尊德性"中。德性哪能向外寻求呢？只是"知新"一定要从"温故"开始，而"温故"就是"知新"的方法，也就可以验证出知和行绝对不是两段东西。"博学而详说之"是为了"将以反说约也"。如果没有返归简约这种说法，那么"博学详说"，又说的是什么事呢？舜好问好察，只是用未发之中使道心达到精一。道心，指的就是良知。君子做学问，何尝离开过处事而废弃讨论呢？只是他们处事和讨论等说法，都要旨在下知行合一的功夫，也正是以此实现操执自己心中的良知，并不像世人那样将口耳相传、言谈陈说得来的东西当作知识，将知和行看成两件事，这才造成了礼节项目有先后的说法。

来信中说："杨朱、墨翟也行'仁义'，乡愿也会谈及'忠信'，不但尧、舜，连燕王哙也曾禅让给子之，商汤、周武和项羽都曾被流放和讨伐，周公、王莽还有曹操都曾摄政，如果糊里糊涂地不加以印证，求学之人又将何所适从呢？况且，对于古今事变、礼乐名物等事宜，都从不考证，假使国家想要兴修明堂，修建辟雍，制定历律，草拟封禅祭辞等等，又能发挥什么样的作用呢？所以朱熹在《论语集注》中说：'生而知之者，义理耳。若夫礼乐名物，古今事变，亦必待学而后有以验其行事之实'。这可以说是定论了。"

你所列举的杨朱、墨翟、乡愿、尧、舜、子之、商汤、周武、项羽、周公、王莽、曹操之间的区别，跟我之前提及的"舜不告而娶"、"武王不葬而兴兵"的情况，可以类推。"古今事变"的疑惑，在前面说起"良知"的时候，已经做了"规矩尺度"的譬喻，也应当不用多说了。至于你提到的"明堂"和"辟雍"的等事情，似乎不说还不行。但是这些事情说来话长，姑且就先生您的话来把此事说清楚，那么先生您的疑惑也将会多少有些释然了。一般说来"明堂"、"辟雍"的制度，最早见于《吕氏春秋》中的《月令》一篇，无论是汉儒的考据注释，还是"六经"、"四书"之中，都没有详细论及。难倒说吕不韦和汉儒的学问，要超出夏商周三代的贤人圣人们吗？齐宣王的时候，明堂尚未被毁，那么说即使是周幽王、周厉王时期，周代的明堂都完好无损。尧、舜时建造的房屋还是茅草屋顶和土制台阶，明堂的制度还不完备，却并不影响天下大治。而幽厉二王时期的明堂，固然是承袭了文王、武王、成王、康王的旧制，但仍然没有挽救世道的混乱。这是为什么呢？难道不正是说明"以不忍人之心，而行不忍人之政"的道理吗？即使是茅草屋顶和土制台阶，也能起到名堂的作用；而用幽厉二王的心，来施行幽厉二王的暴政，那么就算有明堂，那也是暴政产生的地方！明堂的制度，是汉武帝最早倡议的，后来武后在唐代使其盛行，但是当时的治乱情况又怎么样呢？天子学习的场所称为"辟雍"，诸侯学习的场所称为"泮宫"，都是因为地形而得名的。但是夏商周三代的学校，其要旨都是教导人明白伦理纲常，并非把"辟雍"是否像玉璧，"泮宫"是否临水看得很重要。孔子曾说过："人而不仁，如礼何！人而不仁，如乐何！"制定礼乐制度，一定要具备"中和"的德性，只有声音符合音律，并且行为符合法度的人，才能说出这样的话。至于乐器、术数等末流，都是乐工和祝史的职责，所以曾子才会说："君子所贵乎道者三，笾豆之事，则有司存也。"尧虽然"命羲和，钦若昊天，历象日月星辰"，但其实他所看重的是"敬授人时"。舜也"在璇玑玉衡"，但是看重的却是"以齐七政"的结果。这都是勤勤恳恳地用爱民之心，去施行养育百姓之政。制定历法、明确时令的根本，就在于此。羲

和推演历法的数术，皋陶和契未必会使用，夏禹和后稷也未必能
掌握，尧和舜虽然明智，却不一定事事都通晓，即使是他们也未
必能推演历法。然而，今天羲和的方法仍然被遵循并且世代相传，
哪怕只是有点小聪明的人，仅仅懂得一点占星术的人，也能推演
历法、占卜节候，并且毫无差错。但后世耍小聪明的人，有贤能
超过于夏禹、后稷、尧、舜的吗？您"封禅"的说法尤其荒诞不
经，这都是后世奸佞谄媚的小人用来讨好主子时用的手段，夸张
浮华，用来迷惑君心，并且浪费国家的财产。这种人应该算作欺
天骗人最为无耻之徒，为君子所不齿，这也是司马相如为后世所
讥讽的原因。先生您居然认为这是儒生应该学习的内容，大概是
没有深入思考吧？圣人之所以成为圣人，那是因为他们生而知之。
但是解释《论语》的人却说："生而知之者，义理耳。若夫礼乐名
物、古今事变，亦必待学而后有以验其行事之实。"就算礼乐名
物这些事情，果真对成为圣人有功用，那么圣人也一定要学过之
后才能知道，那么圣人也就不可能被称为"生而知之"了。说圣
人"生而知之"的原因，是专指义理而言，不是指的礼乐名物之
类。那么说，礼乐名物之类的事情就与下成为圣人的功夫没有关
系了。之所以说圣人"生而知之"，是专指义理，而不是指礼乐名
物一类。这样说来，"学而知之"的人，也只该去学习这"义"和
"理"而已。"困而知之"的人，也只该被困于这"义"和"理"
而已。当今的学者学习圣人的学问，对圣人所能知晓的，并不能
"学而知之"，只顾埋着头忙忙碌碌地将寻求圣人所不能知晓的东
西当作学问，这难道不是与学习圣人背道而驰吗？凡是像这样的，
都是先生您稍微有所困惑，还没有释然的，也就是尚未来得及拔
去病根、堵住病源的观点。

　　如果这拔去病根、堵住病源的观点不能显明于天下，那么天
下学习圣人学问的人，就会感到学习日益繁杂、也日益困难。这

些人就算沦为禽兽或者蛮夷，仍会自认为是在做圣人的学问。这样，即使我的观点一时明确了，最终还是会像冰一样西边解冻而东边又冻结，像云雾一样前面散去而后面又重新聚起。自己就这样喋喋不休地困顿至死，最终也不能对救助天下起到一丝一毫作用。而圣人的心，与天地万物结为一体，他们看待天下人，没有外内远近的区别，只要是有血有气的人，都像对待自己兄弟儿女一样看待，都想让他们得到安全、受到教养，以实现自己万物一体的心愿。天下人的心，一开始也并非与圣人有什么差异，只不过后来产生了利己的私心，被物欲引起的弊病所阻隔，广阔变成了狭小，通达变成了堵塞，人人各自有了私心，甚至有人视自己的父子兄弟如同敌人一样。圣人对此忧心忡忡，所以就推行天地万物一体的仁爱之心来教化天下，使天下人都能克服自己的私心，扫除蒙蔽，以恢复原本所共同拥有的心体。这种教化的要旨，就是尧、舜、禹之间相互传承的道理，也就是所谓的"道心惟微，惟精惟一，允执厥中"。其中的细节项目，就是舜命令契所做的事情，也就是所谓的"父子有亲，君臣有义，夫妇有别，长幼有序，朋友有信"这五个方面而已。从唐尧、虞舜直到夏商周三代，教授者都只是用这些教化，学者也都只以这个作为学问。在这个时候，人与人之间没有不同的见解，每家每户也没有不同的习惯，安于此道的人才能称之为圣，勤勉于此道的人才能称之为贤，而背弃此道的人，即使他像丹朱那么聪明，也称之为不肖。下至市井田间，农工商贾那样下贱的人，没有个不追求这种学问的，都将完善自己的德行视为要务。这又是为什么？因为当时没有杂乱的知识、繁多的记诵、泛滥的辞章和没完没了地追名逐利，只要使他们对父母孝顺，对兄长尊重，对朋友诚信，以恢复自己心中原本一样的心体。这些本该是天性中所固有的，并非需要借助外物，这样的话，谁又做不到呢？学校之中，只以培养道德为目的，而学生们虽然在才能上存在差异，有的人可能长于礼乐，有的人可能长于政教，还有的人长于水土播植，这样就可以在其已经形成的德行的基础上，使其在学校中对所专长的事情精益求精。等到根据德行任命职务的时候，就可以使他们终身做这种职务而不会改变。任用人才的人，只需要要求他们同心同德，共同安定天下百姓，只考察他们是否有才能，而不以身份尊卑划分等级，也不以其职务的劳逸划分好坏。被任用的人，也只是需要知道同心同德，共同安定天下的百姓，如果能胜任，那么就终身从事劳烦的工作也不会认为辛苦，安心地做卑小琐碎的事情也不会自认为下贱。在那个时候，天下人都其乐融融，相视以后都亲如一家。那些才能禀赋低下的人，都会安于其农、工、商、贾的职责，各自勤勉地干好自己的工作，从而互相依存、互相给养，却没有好高骛远、羡慕外物的心思。他们中才能异于常人的人，比如皋陶、夔、后稷、契这样的人，就会脱颖而出，各自贡献自己的才能。就像干家务一样，有人负责经营衣食、有人负责互通有无、有人负责配备工具，就这样同心协力，以求实现孝敬父母、照顾妻子儿女的愿望，惟恐在施行自己的工作时不尽力，从而重视自己的职责。所以后稷勤勉地种植庄稼，而不以自己不知教化而羞耻，视契的善于教化如同自己善于教化；夔主管音乐，但是不以不明白礼仪为羞耻，视伯夷的通晓礼仪如同自己通晓礼仪。这是因为他们内心纯然明澈，所以才能保全其将万物视为一体的仁爱。所以他们精神流畅贯通，志气通畅明达，便没有自己与他人的分别，以及外物与自我的间隔。好比一个人的身体，目视、耳听、手持、足行，都是为了帮助全身的活动，眼睛不耻于听不见，但是耳朵所听之处，眼睛就一定会参与。脚不耻于拿不住东西，但是手触到之处，脚就一定会跟上去，这是因为其元气充沛，血脉畅通，因此病痛、呼吸、感触、反应等，都有不言而喻的妙处。这就是

圣人的学问极其简易，也容易理解执行的原因，学起来容易，成才也容易，正是因为主旨只在于恢复心体的同一，而并不在乎知识和技能。

夏商周三代后，王道式微而霸术逐渐昌盛。随着孔子、孟子的相继去世，圣学日渐消隐，异端邪说横行于世，老师不再教授圣学，学生也不再学习圣学。宣扬霸术的人，私自选取了历代先王中类似的想法，借助外在的东西来实现一己私欲，天下人都纷纷群起效仿，于是圣人之道便因此荒芜阻塞。世人相互效仿，每天都在寻求所谓的富国强兵的学说、倾轧狡诈的谋略、攻讨征伐的计策、欺天罔人的手段，为了得到一时的利益而猎取功名的方法，就像管仲、商鞅、苏秦、张仪一类的人，多到数不胜数。等时间一长，他们之间的斗争劫夺造成的祸患使百姓苦不堪言，这些人都已经沦为禽兽蛮夷，而霸道之术也渐渐行不通了。世上的儒生们感慨悲伤，便搜寻先圣、先王的典章法制，在灰烬中捡拾修补。究其用心，也的确是想以此挽回先王之道。但是圣学已经渐行渐远，霸道权术的流传，也已经影响很深，即使是贤人智者，也不免沾染了一些俗习，他们之所以讲明修饰圣道，力求宣扬光复于世的原因，仅仅是为了加固霸道的藩篱，但是圣学的门墙却再也看不到了。于是就有了训诂的学问，是为了传播它们来获取名望；有了记诵的学问，是为了谈论它们来显示博学；有了辞章的学问，是为了炫耀它们来显示华丽的辞藻。诸如此类，纷纷芸芸，在天下蜂拥群起的，甚至都不知道究竟有多少派别。千万条路，令人无所适从。世上的学者就如同进入了表演百戏的场地，欢欣跳跃，争奇斗巧，摆出笑脸争芳斗艳的人，从四面八方涌现出来，前顾后盼，应接不暇，直到耳聋眼花，精神恍惚，整日整夜在其间遨游直到被淹没在其中，好像病倒狂乱精神失常的人，最后连自己的家都找不到了。而当时的君主们也都被这些说法弄得神魂颠倒，而终身沉迷于一些没有用处的空话，说出来的话连自己都不知所云。间或有人会发觉这种学说空洞虚妄、支离破碎、牵强停滞，便自己卓然奋进，想要付诸实践做一些实实在在的事情，但是所能达到的极致，也不过是富国强兵和建功夺利，成就五霸那样的事业而已。圣人的学问日渐远去，也日渐暗淡，但是追逐功利的习惯却越来越流行。其间，虽然佛家和老庄的学说也曾经流行过，但是佛家和老庄的学说最后也没能战胜功利之心。虽然也曾经使儒生们折衷，但是儒生们的观点也始终没能攻破其功利之见。所以说直到今日，追逐功利观念的流毒已经进入世人的内心和骨髓，习以成性几千年了。人们以所知相互轻视，以权势相互倾轧，以利益相互攀比，以技能相互夸耀，以声誉相互交往。他们出仕做官，管理钱粮的却一心想监管军事刑法，管理礼乐的也时刻不忘做中枢要职，管理郡县的在思索如何能成为封疆大吏，管理进谏的还一直都在窥视着宰相的职位。所以说，不能胜任某项事务的人就不能授予某个官职，不通晓学问的人就不能得到荣誉。记诵广泛，正好可以助长他的说教；知识很多，正好可以推行他的罪恶；见闻广博，正好帮助他诡辩；辞章丰富，正好可以修饰他的虚伪。因此皋陶、夔、后稷、契所不具备的能力，当今的初学者们却全都通晓。当说起这些的时候，没有一个人不说："我想以此来成就天下的大事。"但是他们的真实想法，却认为不这样就无法实现自己的私心和满足自己的欲望。哎呀，被这样的积习所沾染，凭这样的心志，还讲着这样的学术，所以当他们听到圣人的教义以后，就顺理成章地视其为多余的和格格不入的，那么他们觉得"良知"还不足以满足自己，因此认为圣人的学问毫无用处，出现这种情况是必然的！哎呀，士人出生在这样的世道中，又该怎样追求圣人的学问呢？又当如何评价圣人的学问呢？士人出生在这样的世道中，却还想着做学问，难道不会因为劳苦而感到困难吗？难道不是因受拘束而感到晦涩艰险吗？哎呀，简直太可悲了！所幸的是天理在人心之中，终究不会泯灭，而且良知的光明，就像亘古不变的太阳，假如有人听到了我的拔去病根、堵住病源的观点，一定会恻然而悲，戚然而痛，愤然而起，就如同江河决堤一样，不可抵挡。除了寄希望于那些没有私心的累赘勇于挺身而出的豪杰之士，我还能寄希望于谁呢？

答陆原静书（一）

原文

来书云："下手功夫，觉此心无时宁静，妄心固动也，照心亦动也。心既恒动，则无刻暂停也。"

是有意于求宁静，是以愈不宁静耳。夫妄心则动也，照心非动也。恒照则恒动恒静，天地之所以恒久而不久也。照心固照也，妄心亦照也。"其为物不贰，则其生物不息。"有刻暂停，则息矣，非至诚无息之学矣。

来信云："良知亦有起处。"云云。

此或听之未审。良知者，心之本体，即前所谓恒照者也。心之本体，无起无不起。虽妄念之发，而良知未尝不在。但人不知存，则有时而或放耳。虽昏塞之极，而良知未尝不明，但人不知察，则有时而或蔽耳。虽有时而或放，其体实未尝不在也，存之而已耳。虽有时而或蔽，其体实未尝不明也，察之而已耳。若谓良知亦有起处，则是有时而不在也，非其本体之谓矣。

来书云："前日"精一"之论，即作圣之功否？"

"精一"之"精"以理言，"精神"之"精"以气言。理者，气之条理；气者，理之运用。无条理则不能运用；无运用则亦无以见其所谓条理者矣。精则精，精则明，精则一，精则神，精则诚。一则精，一则明，一则神，一则诚，原非有二事也。但后世儒者之说与养生之说各滞于一偏，是以不相为用。前日"精一"之论，虽为原静爱养精神而发，然而作圣之功，实亦不外是矣。

来书云："元神、元气、元精，必各有寄藏发生之处。又有真阴之精，真阳之气。"云云。

夫良知一也，以其妙用而言谓之神，以其流行而言谓之气，以其凝聚而言谓之精，安可形象方所求哉？真阴之精，即真阳之气之母。真阳之气，即真阴之精之父。阴根阳，阳根阴，亦非有二也。苟吾良知之说明，即凡若此类，皆可以不言而喻。不然，则如来书所云三关、七返、九还之属，尚有无穷可疑者也。

译文

你信中说："在用功的时候，感觉心中没有平静下来的时候，妄心固然在动，照心也在动。心既然是恒久运动的，那么就没有停下来的片刻。"

这是因为你刻意追求心静，所以就越发地静不下来了。你的妄心本来就是活动的，照心本来就是不动的。良知永远处于既运动又静止的状态，天地万物因此就永远运动不止。照心的本体就是良知，妄心的本体也是良知。《中庸》中说："其为物不二，则其生物不息。"有片刻的停息，就会死亡，就不是至诚而毫不停止地实现人心本体的学问了。

你信中说："良知也有它开始的地方。"等等。

也许你听讲但没仔细思量。良知乃人心的本体，就是前面所讲的恒照。心的本体无所谓开始不开始。人即使生发了贪妄的念头，但此时良知也未曾泯灭，只不过是他不知道该时时存养良知，于是有时就会失去良知；人虽然有昏庸闭塞到了极点的时候，其良知未尝不是明亮的，只是人们不能体察它，有时就会被蒙蔽。虽然有时失去了它，但良知的本体并未消失，存养它就行了；虽然有时受到蒙蔽，但良知的本体仍旧光明，体察它就行了。如果说良知也有个开始的地方，那么就是认为它有时不存在，这样说良知就不为心之本体了。

你信中说："先生前段时间所提到的'精一'的论断，是不是成为圣人的功夫？"

"精一"的"精"是从理上来说的，"精神"的"精"是从气上来说的。理为气的条理，气为理的运用。没有条理就不能运用，不运用也就看不出所谓的条理来。做到了精，就可以精细，可以澄明，可以专一，可以神奇，可以至诚；做到了一，就可以精细，可以澄明，可以专一，可以神奇，可以至诚，精与一原本就不能当两件事看。但是后世儒生的学说同道家的养生的学说却各执一词，不能相互促进。前些天我关于"精一"的论断，虽然是针对你喜欢存养自己的

精神才说的，然而对于希求成长为圣人的功夫，其实就在于此。

你信中说："元神、元气、元精一定各有寄藏、生发的地方。又有真阴之精，真阳之气。"等等。

良知只有一个，以它的奇妙的作用而言叫做"神"，以它的运行而言叫做"气"，以它的凝聚而言叫做"精"，怎么可以从它的形象、处所、方位上求得良知呢？真阴之精是真阳之气的母体；真阳之气是真阴之精的父体。阴的根是阳，阳的根是阴，阴阳也是一个统一的整体。假如能理解我的良知主张，那么，只要是与此类似的，都可以不言自明。如果不能，那么你信中所提到的那些三关、七返、九还之类，都会有无穷的疑惑。

答陆原静书（二）

原　文

来书云："良知，心之本体，即所谓性善也，未发之中也，寂然不动之体也，廓然大公也，何常人皆不能而必待于学邪？中也，寂也，公也，既以属心之体，则良知是矣。今验之于心，知无不良，而中、寂、大公实未有也，岂良知复超然于体用之外乎？"

性无不善，故知无不良。良知即是未发之中，即是廓然大公、寂然不动之本体，人人之所同具者也。但不能不昏蔽于物欲，故须学以去其昏蔽。然于良知之本体，初不能有加损于毫末也。知无不良，而中、寂、大公未能全者，是昏蔽之未尽去，而存之未纯耳。体即良知之体，用即良知之用，宁复有超然于体用之外者乎？

来书云："周子曰'主静'，程子曰'动亦定，静亦定'，先生曰'定者，心之本体'，是静定也，决非不睹不闻、无思无为之谓。必常知、常存、常主于理之谓也。夫常知、常存、常主于理，明是动也，已发也，何以谓之静？何以谓之本体？岂是静定也，又有以贯乎心之动静者邪？"

理无动者也。常知、常存、常主于理，即不睹不闻、无思无为之谓也。不睹不闻、无思无为，非槁木死灰之谓也。睹闻思为一于理，而未深有所睹闻思为，即是动而未尝动也。所谓"动亦定，静亦定"，体用一原者也。

来书云："此心未发之体，其在已发之前乎？其在已发之中而为之主乎？其无前后、内外而浑然之体者乎？今谓心之动静者，其主有事无事而言乎？其主寂然、感通而言乎？其主循理、从欲而言乎？若以循理为静，从欲为动，则于所谓'动中有静，静中有动'，'动极而静，静极而动'者，不可通矣。若以有事而感通为动，无事而寂然为静，则于所谓'动而无动，静而无静'者，不可通矣。若谓未发在已发之先，静而生动，是至诚有息也，圣人有复也，又不可矣。若谓未发在已发之中，则不知未发、已发俱当主静乎？抑未发为静而已发为动乎？抑未发、已发俱无动无静乎？俱有动有静乎？幸教。"

"未发之中"，即良知也，无前后内外，而浑然一体者也。有事、无事可以言动、静，而良知无分于有事、无事也。寂然、感通可以言动、静，而良知无分于寂然、感通也。动静者，所遇之时。心之本体，固无分于动静也。理无动者也，动即为欲。循理则虽酬酢万变，而未尝动也；从欲则虽槁心一念，而未尝静也。"动中有静，静中有动"，又何疑乎？有事而感通，固可以言动，然而寂然者未尝有增也；无事而寂然，固可以言静，然而感通者未尝有减也。"动而无动，静而无静"，又何疑乎？无前后内外而浑然一体，则至诚有息之疑，不待解矣。未发在已发之中，而已发之中未尝别

70

有未发者在，已发在未发之中，而未发之中未尝别有已发者存。是未尝无动、静，而不可以动、静分者也。

凡观古人言语，在以意逆志而得其大旨。若必拘滞于文义，则"靡有孑遗"者，是周果无遗民也。周子"静极而动"之说，苟不善观，亦未免有病。盖其意从太极"动而生阳，静而生阴"说来。太极生生之理，妙用无息，而常体不易。太极之生生，即阴阳之生生。就其生生之中，指其妙用无息者而谓之动，谓之阳之生，非谓动而后生阳也；就其生生之中，指其常体不易者而谓之静，谓之阴之生，非谓静而后生阴也。若果静而后生阴，动而后生阳，则是阴阳、动静，截然各自为一物矣。阴阳一气也，一气屈伸而为阴阳。动静一理也，一理隐显而为动静。春夏可以为阳为动，而未尝无阴与静也；秋冬可以为阴为静，而未尝无阳与动也。春夏此不息，秋冬此不息，皆可谓之阳、谓之动也。春夏此常体，秋冬此常体，皆可谓之阴、谓之静也。自元、会、运、世、岁、月、日、时以至刻、秒、忽、微，莫不皆然。所谓动静无端，阴阳无始，在知道者默而识之，非可以言语穷也。若只牵文泥句，比拟仿像，则所谓"心从《法华》转，非是转《法华》"矣。

来书云："尝试于心，喜、怒、忧、惧之感发也，虽动气之极，而吾心良知一觉，即罔然消阻，或遏于初，或制于中，或悔于后。然则良知常若居优闲无事之地而为之主，于喜、怒、忧、惧若不与焉者，何欤？"

知此，则知未发之中、寂然不动之体，而有发而中节之和、感而遂通之妙矣。然谓良知常若居于优闲无事之地，语尚有病。盖良知虽不滞于喜、怒、忧、惧，而喜、怒、忧、惧亦不外于良知也。

来书云："夫子昨以良知为照心。窃谓良知，心之本体也。照心，人所用功，乃戒慎恐惧之心也，犹思也。而遂以戒慎恐惧为良知，何欤？"

能戒慎恐惧者，是良知也。

来书云："先生又曰：'照心非动也。'岂以其循理而谓之静欤？'妄心亦照也。'岂以其良知未尝不在于其中、未尝不明于其中，而视听言动之不过则者皆天理欤？且既曰妄心，则在妄心可谓之照，而在照心则谓之妄矣。妄与息何异？今假妄之照以续至诚之无息，窃所未明，幸再启蒙。"

"照心非动"者，以其发于本体明觉之自然，而未尝有所动也。有所动即妄矣。"妄心亦照"者，以其本体明觉之自然者，未尝不在于其中，但有所动耳。无所动即照矣。无妄、无照，非以妄为照，以照为妄也。照心为照，妄心为妄，是犹有妄、有照也。有妄、有照，则犹二也，二则息矣。无妄、无照则不二，不二则不息矣。

来书云："养生以清心寡欲为要。夫清心寡欲，作圣之功毕矣。然欲寡则心自清，清心非舍弃人事而独居求静之谓也。盖欲使此心纯乎天理，而无一毫人欲之私耳。今欲为此之功，而随人欲生而克之，则病根常在，未免灭于东而生于西。若欲刊剥洗荡于众欲未萌之先，则又无所用其力，徒使此心之不清。且欲未萌而搜剔以求去之，是犹引犬上堂而逐之也，愈不可矣。"

必欲此心纯乎天理，而无一毫人欲之私，此作圣之功也。必欲此心纯乎天理，而无一毫人欲之私，非防于未萌之先而克于人萌之际不能也。防于未萌之先而克于方萌之际，此正《中庸》"戒慎恐惧"、《大学》"致知格物"之功。舍此之外，无别功矣。夫谓灭于东而生于西、引犬上堂而逐之者，是自私自利、将迎意必之为累，而非克治洗荡之为患也。今日养生以清心寡欲为要，只"养生"二字，便是自私自利、将迎意必之根。有此病根潜伏于中，宜其有灭于东而生于西、引犬上堂而逐之之患也。

来书云："佛氏于'不思善、不思恶时，认本来面目'，于吾儒随物而格之功不同。吾若于不思善、不思恶时用致知之功，则已涉于思善矣。欲善恶不思，而心之良知清静自在，惟有寐而方醒之时耳。斯正孟子'夜气'之说。但于斯光景不能久，倏忽之际，思虑已生。不知用功久者，其常寐初醒而思未起之时否乎？今澄欲求宁静，愈不宁静，欲念无生，则念愈生。如之何而能使此心前念易灭，后念不生，良知独显，而与造物者游乎？"

不思善不思恶时认本来面目。此佛氏为未识本来面目者设此方便。本来面目即吾圣门所谓良知。今既认得良知明白，即已不消如此说矣。随物而格，是致知之功，即佛氏之"常惺惺"，亦是常存他本来面目耳。体段功夫大略相似。但佛氏有个自私自利之心，所以便有不同耳。今欲善恶不思，而心之良知清静自在，此便有自私自利、将迎意必之心，所以有"不思善、不思恶时，用致知之功，则已涉于思善"之患。孟子说"夜气"，亦只是为失其良心之人，指出个良心萌动处，使他从此培养将去。今已知得良知明白，常用致知之功，即已不消说"夜气"。却是得兔后不知守兔，而仍去守株，兔将复失之矣。欲求宁静，欲念无生，此正是自私自利、将迎意必之病，是以念愈生而愈不宁静。良知只是一个良知，而善恶自辨，更有何善何恶可思？良知之体本自宁静，今却又添一个求宁静，本自生生，今却又添一个欲无生，非独圣门致知之功不如此，虽佛氏之学亦未如此将迎意必也。只是一念良知，彻头彻尾，无始无终，即是前念不灭，后念不生。今却欲前念易灭，而后念不生，是佛氏所谓"断灭种性"，入于槁木死灰之谓矣。

来书云："佛氏又有'常提念头'之说，其犹孟子所谓'必有事'，夫子所谓'致良知'之说乎？其即'常惺惺'、常记得、常知得、常存得者乎？于此念头提在之时，而事至物来，应之必有其道。但恐此念头提起时少，放下时多，则功夫间断耳。且念头放失，多因私欲客气之动而始，忽然惊醒而后提，其放而未提之间，心之昏杂多不自觉。今欲日精日明，常提不放，以何道乎？只此常提不放，即全功乎？抑于常提不放之中，更宜加省克之功乎？虽曰常提不放，而不加戒惧克治之功，恐私欲不去；若加戒惧克治之功焉，又为'思善'之事，而于本来面目又未达一间也。如之何则可？"

戒惧克治即是常提不放之功，即是"必有事焉"，岂有两事邪？此节所问，前一段已自说得分晓，末后却是自生迷惑，说得支离，及有本来面目未达一间之疑，都是自私自利、将迎意必之为病，去此病自无此疑矣。

来书云："'质美者明得尽，渣滓便浑化'。如何谓明得尽？如何而能便浑化？"

良知本来自明。气质不美者，渣滓多，障蔽厚，不易开明。质美者，渣滓原少，无多障蔽，略加致知之功，此良知便自莹彻，些少渣滓，如汤中浮雪，如何能作障蔽。此本不甚难晓，原静所以致疑于此，想是因一"明"字不明白，亦是稍有欲速之心。向曾面论明善之义，"明则诚矣"，非若后儒所谓明善之浅也。

来书云："聪明睿知，果质乎？仁义礼智，果性乎？喜怒哀乐，果情乎？私欲客气，果一物乎？二物乎？古之英才，若子房、仲舒、叔度、孔明、文中、韩、范诸公，德业表著，皆良知中所发也，而不得谓之闻道者，果何在乎？苟曰此特生质之美耳，则生知安行者，不愈于学知、困勉者乎？愚者窃云，谓诸公见道偏则可，谓全无闻，则恐后儒崇尚记诵训诂之过也。然乎否乎？"

性一而已。仁、义、礼、知，性之性也。聪、明、睿、知，性之质也。喜、怒、哀、乐，性之情也。私欲、客气，性之蔽也。质有清浊，故情有过不及，而蔽有浅深也。私欲、客气，一病两痛，非二物也。张、黄、诸葛及韩、范诸公，皆天质之美，自多暗合道妙，虽未可尽谓之知学，尽谓之闻道，然亦自有其学违道不远者也。使其闻学知道，即伊、傅、周、召矣。若文中子则又不可谓之不知学者，其书虽多出于其徒，亦多有未是处，然其大略，则亦居然可见。但今相去辽远，无有的然凭证，不可悬断其所至矣。夫良知即是道，良知之在人心，不但圣贤，虽常人亦无不如此。若无有物欲牵蔽，但循著良知发用流行将去，即无不是道。但在常人多为物欲牵蔽，不能循得良知。如数公者，天质既自清明，自少物欲为之牵蔽，则其良知之发用流行处，自然是多，自然违道不远。学者学循此良知而已。谓之知学，只是知得专在学循良知。数公虽未知专在良知上用功，而或泛滥于多歧，疑迷于影响，是以或离或合而未纯。若知得时，便是圣人矣。后儒尝以数子者尚皆是气质用事，未免于行不著，习不察。此亦未为过论。但后儒之所谓著、察者，亦是狃于闻见之狭，蔽于沿习之非，而依拟仿像于影响形迹之间，尚非圣门之所谓著、察者也。则亦安得以己之昏昏，而求人之昭昭也乎？所谓生知安行，"知行"二字亦是就用功上说。若是知行本体，即是良知良能。虽在困勉之人，亦皆可谓之生知安行矣。"知行"二字更宜精察。

来书云："昔周茂叔每令伯淳寻仲尼、颜子乐处。敢问是乐也，与七情之乐同乎？否乎？若同，则常人之一遂所欲，皆能乐矣，何必圣贤？若别有真乐，则圣贤之遇大忧、大怒、大惊、大惧之事，此乐亦在否乎？且君子之心常存戒惧，是盖终身之忧也，恶得乐？澄平生多闷，未尝见真乐之趣，今切愿寻之。"

乐是心之本体，虽不同于七情之乐，而亦不外于七情之乐。虽则圣贤别有真乐，而亦常人之所同有，但常人有之而不自知，反自

求许多忧苦，自加迷弃。虽在忧苦迷弃之中，而此乐又未尝不存，但一念开明，反身而诚，则即此而在矣。每与原静论，无非此意，而原静尚有何道可得之问，是犹未免于骑驴觅驴之蔽也。

来书云："《大学》以心有好乐、忿懥、忧患、恐惧为不得其正，而程子亦谓'圣人情顺万事而无情'。所谓有者，《传习录》中以病疟譬之，极精切矣。若程子之言，则是圣人之情不生于心而生于物也。何谓耶？且事感而情应，则是是非非可以就格。事或未感时，谓之有则未形也，谓之无则病根在有无之间，何以致吾知乎？学务无情，累虽轻，而出儒入佛矣，可乎？"

圣人致知之功，至诚无息。其良知之体，皦如明镜，略无纤翳，妍媸之来，随物见形，而明镜曾无留染：所谓情顺万事而无情也。"无所住而生其心"，佛氏曾有是言，未为非也。明镜之应物，妍者妍，媸者媸，一照而皆真，即是生其心处。妍者妍，媸者媸，一过而不留，即是无所住处。病疟之喻，既已见其精切，则此节所问可以释然。病疟之人，疟虽未发，而病根自在，则亦安可以其疟之未发，而遂忘其服药调理之功乎？若必待疟发而服药调理，则既晚矣。致知之功，无闲于有事无事，而岂论于病之已发未发邪？大抵原静所疑，前后虽若不一，然皆起于自私自利、将迎意必之为祟。此根一去，则前后所疑，自将冰消雾释，有不待于问辨者矣。

德洪曰：答原静书出，读者皆喜澄善问，师善答，皆得闻所未闻。师曰："原静所问只是知解上转，不得已与逐节分疏。若信得良知，只在良知上用功，虽千经万典无不吻合，异端曲学一勘尽破矣，何必如此节节分解？佛家有扑人逐块之喻，见块扑人，则得人矣，见块逐块，于块奚得哉？"在座诸友闻之，惕然皆有惺悟。此学贵反求，非知解可入也。

你信中说："良知是心的本体，也就是所谓的'性善''未发之中''寂然不动'的本体，就是'廓然大公'，为什么寻常人都不明白而必须学而知之呢？中、寂、公，既然属于心的本体，那么就是良知了。现在在心中检验，知没有不是良的，而中、寂、公却没有感觉到，难道良知是超然于体用之外吗？"

性没有不是善的，所以知就没有不良的。良知就是'未发之中"，就是"廓然大公"之本体，人人都具有。但是良知很容易被物欲所蒙蔽，所以必须通过学习去除这种蒙蔽。可是对于良知的本体，刚开始时不能有丝毫损害。知没有不良的，但中、寂、公没有完全呈现，是因为私欲的蒙蔽还没有被完全去除，良知的存养还不够纯正罢了。体就是良知的本体，用就是良知的运用，又怎么会有超然于体用之外的良知呢？

你信中说："周敦颐先生主张'主静'，程颢先生主张'动亦定，静亦定'，先生主张'定者，心之本体'，这里的静和定，绝非不看不听、不思不做的意思。它一定是指经常认知、经常存养、经常遵循天理。经常认知、经常存养、经常遵循天理，明明就是动，就不是未发之中，这还怎么能称为静呢？还怎么能称为心的本体呢？这个静定难道又贯穿到本心的动静之中了吗？"

天理是不动的。经常认知、经常存养、经常遵循天理，也就是不看不听、不思不做的意思。不看不听、不思不做，不是形同槁木、心如死灰。看、听、思关键是要趋于天理，而不曾有其他的看、听、思、做，这也就是动而未曾动。程颐先生所说的"动亦定，静亦定"，也就是指体用一源。

你信中说："人心未发的本体，具体是指在'已发'之前呢？还是在'已发'之中并主宰着'已发'呢？或者是'未发''已发'不分前后内外而浑然一体呢？现在谈论心是动或是静，主要是从有事无事来说的，还是从寂然不动、感应相通上来说的呢？或者是从遵循天理、顺从欲望上来说的呢？如果说循理就是静，从欲就是动，那么所谓的'动中有静，静中有动，动极而静，静极而动'就说不通了。如果有事感应相通为动，无事寂然不动为静，那么对于所谓的'动而无动，静而无静'，就说不通了。如果说'未发'在'已发'之前，静而产生动，那么，至诚就要停息，圣人也需要复性了。这样说也不对。如果说'未发'在'已发'之中，那么不知道'未发''已发'都主静呢？还是'未发'主静，而'已发'主动呢？或是'未发''已发'既不是动也不是静？还是它们既是动也是静？请先生指教。"

"未发之中"就是良知，良知是没有前后内外之分的，是浑然一体的。有事、无事可以用动、静来说，而良知不能分有事、无事。寂然不动、感应相通你可以说它是动也可以说是静，而良知是不分寂然时或是感通时才有的。动、静只是描述了人所遭遇那一刻的状态，心的本体原本就没有动、静之分。天理是静止不动的，如果动了就是私欲。遵循天理就算是酬酢万变，心也是不动的；顺从私欲即使心中只有一丝杂念也不是静。"动中有静，静中有动"，又有什么可以怀疑的呢？有事而感应相通固然可以说是动，但是寂然也未尝有丝毫增长啊！无事而寂然不动固然可以说是静，但是感通也未尝有丝毫减少啊！"动而无动，静而无静"又有什么可疑惑的呢？良知无前后内外之别而浑然一体，那么对于至诚有息的疑惑就不用再解释了。

"未发"在"已发"之中，但"已发"之中未尝另有"未发"

存在，"已发"在"未发"之中，但"未发"之中未尝另有个"已发"存在。心未尝没有动与静的状态，而是不能事先分什么时候是动什么时候是静的状态。凡是看古人的言论，关键在于用心猜测古人的心思从而理解其主旨，如果只是死扣表面字义，那么"靡有孑遗"就是周朝果真没有遗民的意思了。周敦颐先生的"静极而动"的学说，如果你不善于观察，未免会出现理解错误。这是因为他的意思是从"太激动而生阳，静而生阴"上来说的。太极的生生不息之理，妙用无穷，但其本体是永恒不变的。太极的生生不息其实就是阴与阳的不停转换。在这生生不息的过程中，就其妙用无穷而言就是动，就是阳的产生，并非运动之后才产生阳；在这生生不息的过程中，就其本体永恒不变而言就是静，就是阴的产生，并非静止之后才产生阴的。如果果真是静止之后才产生阴的，运动之后才产生阳的，那么阴、阳、动、静就被分割成截然不同的物事了。阴阳是一种气，这种气的伸缩产生阴阳；动静是一个理，这一理的隐显就是动静。

春夏可以说是阳是动，但并非没有阴与静；秋冬可以说是阴是静，但也并非没有阳与动。春夏不会停止不变，秋冬也不会停止不变，都同时可称为阳，都同时可称为动；春夏有这不变的常体，秋冬也有这不变的常体，都可以称做阴与静。从时间单位上说，元、会、运、世、岁、月、日、时一直到刻、秒、忽、微，无不是这样。所谓的"动静没有开端，阴阳没有起始"，明白的人默而识之，不是用言语可以完全表述的。如果只拘泥于文言字面，打比方用比喻，那么就是所谓"心跟随着《法华经》转，而不是《法华经》跟随着心转"了。

你信中说："我曾经在心中尝试过，在喜、怒、忧、惧这些情绪有感而发时，即使特别生气，但是只要我们心中良知一发现，就会慢慢缓和消解，或者是遏制于初始阶段，或者是阻滞于中间阶段，或者是悔悟于最后阶段。但是良知好像经常在悠闲无事的地方主宰着人的感情，与喜、怒、忧、惧好像没有关系，这是为什么？"

你明白这一点，就能明白"未发之中""寂然不动"的本体了，就能体悟到发而皆中节的和、感而遂通的妙。但是说"良知经常在悠闲无事的地方"，这话还是有问题的。良知虽不停滞在喜、怒、忧、惧的感情之中，但喜、怒、忧、惧也不会存在于良知之外。

你来信说："先生昨天讲良知即为照心。我私下里认为良知是心的本体；照心是人所用的功夫，就是戒慎恐惧之心，和"思"相类似。而先生却把戒慎恐惧当做良知，这是为什么？"

能让人戒慎恐惧的，就是良知。

你信中说："先生又说：'照心非动也。'难道是因为它遵循天理而就它的静的吗？'妄心亦照也。'难道是因为良知不是不在妄心中，不是不明于其中，而人的视听言动能够不违背原则的，都是

天理吗？但是既然说是妄心，那么妄心也可说是照，而照心也可称之为妄了。妄与息有什么不同？现在把妄心之照与至诚无息联系起来，我还是不明白，请先生再启发我一下。"

"照心非动"，是指本体自然明觉，不曾有所动，有所动即是妄；"妄心亦照"，指它的本体自然明觉，未尝不在其中，只是有所动罢了。无所动就是照了。说"无妄无照"，并非是说妄等于照，照就是妄。如果说照心为照，妄心为妄，这还是

有妄有照。认为有妄有照，就依然还是两个心，一心分为二，那么良知就息了。认为无妄无照就是把心视做一个统一的整体，这样就不存在良知停息的情况了。

你信中说："养生最关键的就是清心寡欲。真能做到清心寡欲，那么做圣人的功夫就算完成了。然而私欲少而心自清，清心不是说要抛弃人事跑去独居求静，只是要使自心纯然充盈天理而无一丝一毫的私欲罢了！现在要想在这方面下工夫，就必须随时克制私欲，但如果病根不除，未免灭于东而生于西。可若想把私欲荡涤消灭在未萌发之前，那么又不知道从何处用功，徒劳地只能使自己的心不清净了。况且私欲未萌就想搜剔出来并清除，就好比把狗带到屋里然后再把它赶出去似的，更加不行了。"

一定要使心体纯粹为天理，而无一丝一毫的私欲，这是成为圣人的功夫。想做到这一点，就要在私欲产生之前多加防范，并在私欲萌芽时克制它。在私欲产生前防范并克制它于萌芽状态，这正是《中庸》的"戒慎恐惧"、《大学》的"格物致知"的修身功夫，舍此之外，没有别的什么功夫。你说的"灭于东而生于西""引犬上堂而逐之"都是被自私自利、刻意追求所牵累的结果，而不是克制荡涤私欲本身的问题。现在你说"养生的关键是清心寡欲"，这"养生"二字就是自私自利、刻意追求的病根。有这样的病根潜伏于心中，就容易产生"灭于东而生于西""引犬上堂而逐之"的弊端。

你信中说："佛家的主张在'不思善、不思恶时认识本来面目'，和我们儒学的'随物而格'的治学方法是不同的。我如果在不思善、不思恶时下致知的功夫，那么就已经是在思善了。要想恶善不思而内心的良知清净自在，只有睡觉刚醒时可以，这正是孟子所说的'夜气'。但这种时刻不会长久，倏忽之间，思虑已生。不知道用功时间长的人，是否经常像睡觉刚醒、思虑没有产生时那样呢？现在我陆澄想求得宁静，可内心的念头偏不宁静；想使心中不生杂念，杂念却生得厉害。怎么样才能使心中前念易灭，后念不生，良知独显，并且与天理大道同在呢？"

"不思善、不思恶时认识本来面目"，这是佛家为不识本来面目的人设想的方便修行门径。本来面目就是我们圣学中所说的良知。现在我们要认识良知，已经不用这般麻烦了。"随物而格"是致知的一个手段，等同于佛家的"常惺惺"，也是经常存养他的本来面目。儒佛两家的功夫大致相似。但是佛家有个自私自利的心，所以两者又不是完全相同的。现在想不思善恶而保持心中良知清净自在，这就是有自私自利、刻意追求的心，所以才会有"不思善、不思恶时，用致知之功，就是已经涉于思善"的毛病在。孟子说"夜气"，也只是为那些失去良心的人指出一个良知萌生的地方，使他们从那里开始培养良知。你现在已经明白良知如何获得，只要常用致知的功夫，就不用再研究"夜气"之类的了。不然就像得到兔子后不知道守住兔，而仍然去守住那个树桩，那么已经得到的兔也会重新跑掉。"欲求宁静""欲念无生"，这正是自私自利、刻意追求的弊病，所以才会私念生得更厉害心里更加不宁静。良知唯有一个，有良知自然能辨别善恶，还有什么善恶可想？良知的本体原本就是宁静的，现在却又添加一个去求宁静，良知的本体原本就是生生不息的，现在却又添加一个心要无生。非但儒学的致知之功不是这样的，即连佛家也没有这种刻意追求的做法。只要一心在良知上，彻头彻尾，无始无终，就是前念不灭，后念不生。现在你却想要前念易灭，而后念不生，这是佛教所谓的"断灭种性"，如此就同槁木死灰差不多了。

你信中说："佛家又有'常提念头'的说法，这个说法是不是就像孟子所说的'必有事'，先生所说的'致良知'呢？是否印证了'常惺惺，常记得，常知得，常存得'呢？有这个念头常在，事全物来，一定会有恰当的方法解决。只是怕这个念头不常在，提起来的时候少，而放下的时候多，那样的话功夫就中断了。况且念头的丧失，多是因为私欲外气的产生所造成的，要突然惊醒后才重新提起来。在它的放而未提之间，内心的昏乱大多是不能自己察觉的，现在想日日精进，常提不放，只这一个常提不放就是全部功夫吗？致良知的念头如果能常提不放，是不是更要加以内省克除的功夫呢？虽然做到了常提不放，而不增加戒惧克制的功夫，恐怕私欲不会去除；如果增加戒惧克制的功夫，又成了'思善'的事情了，这和本来面目又不相符，到底怎样做才好呢？"

戒惧克制其实就是"常提不放"的功夫，也是"必有事焉"，怎么会是两回事呢？你这段问话，我前边一段已经说得十分清楚了，只是你自己后来又产生了困惑，说得支离破碎，至于与本来面目不相符的疑惑，这都是自私自利、刻意追求所造成的弊端。清除这个弊端就没有这类疑惑了。

来信中说："'质美者明得尽，渣滓便浑化。'这句话中的'明得尽'是指的什么？怎样才能'便浑化'？"

良知本来就是明澈的。气质不美的人，渣滓便多，被遮蔽的障碍厚，就不容易使其明白。质美的人，渣滓原本就少，更没有多少障蔽，稍微多下一些致知的功夫，心中的良知便自然晶莹剔透，少量的渣滓，就如同热水中的浮雪，怎么能形成障蔽？这个道理本来就不是很难懂，原静你之所以在此处产生疑惑，想来是因为对一个"明"字不是很明白，也是稍有急于求成之心。曾经我和你当面谈论过"明善"的含义，"明则诚矣"，并非像后世儒生所认为的"明善"那么浅薄。

来信中说："聪明睿智果真是人天生的品质吗？仁义礼智果真是人的天性吗？喜怒哀乐，果真是人的真情吗？私欲和外气，果真是同一物吗？还是不同的两个物呢？古代的英才，比如张良、董仲舒、黄宪、诸葛亮、王通、韩琦、范仲淹等人，无论是品德，还是功业，都很卓著，他们的良知都是发自心中，却不能称之为闻道者，原因究竟在哪呢？如果说只是因为他们的天性本质美好，那不是意味着生知安行的人，要超过学知勤勉的人了吗？以我的愚见来看：说这些人理解圣道有些偏差是能说通的，但如果说他们全然不通，恐怕就是后世儒生们崇尚记诵训诂的学问所带来的误解。这么说是对还是错呢？”

天性只有一种而已。仁、义、礼、智，都是天性的品性。聪、明、睿、知，是天性的资质。喜、怒、哀、乐，是天性的情感。私欲、外气，是对天性的遮蔽。资质有清有浊，所以情感就有过而不及，而且遮蔽也是有浅有深的。私欲、外气，是一种弊病的两种痛楚，并非是两种东西。张、黄、诸葛，以及韩、范等人，都是天生资质美好的人，自然就会暗中符合微妙的圣道，就是不能说他们完全知道学问，完全领略了大道，然而也有各自学习的途径，并且距离大道不算很远，假使他们明白了学问、知道了大道，就一定是伊尹、傅说、周公、召公那样的人。但是像文中子王通那样的人，却又不能说他是不知学的人。他的书虽然大多出自他的门徒之手，而且还有很多不当之处，然而大体的思想也昭然可见。只是距今时间太过久远，没有准确的凭据，不能凭空猜测他所达到的境界。良知，就是道。良知蕴含在人心中，不只是圣贤，即使是普通人也都是这样，如果不受物欲的牵制蒙蔽，只要遵循良知的生发、流动、运行而顺其自然，就没有不合大道的。但是普通人大多被物欲所牵制蒙蔽，不能遵循良知。像以上几位古人，他们天生的资质本来清净明澈，自然很少会被物欲所牵制蒙蔽，那么他们良知的生发、流动、运行，就自然会很多，也就自然会离大道不远。学者，只不过是需要学习如何遵循此良知而已。称之为良知，只是专一地遵循良知学习而已。以上的几位古人，虽然还不知道专一地在良知方面用功，有时也会仿佛徘徊于岔路口，被迷惑于影像或回响中，因此才会若即若离而并不纯正。如果他们懂得了，就是圣人了。后世儒生曾经认为这几位古人还都只是凭借自己气质行事，这就未免有些"行不著"，并且"习不察"了。但是这么说也并不是很过分。但后世儒生们所谓的"著"和"察"，也只是仅局限于闻见的狭隘，被沿袭的错误所蒙蔽，而依照或者模仿前人的影像、回声、身形、足迹等等，还远远不是圣门中所说的"著"和"察"。这样的话，又怎么能用他自己昏昧的思想使他人对大道明了呢？在所谓的"生知安行"中的"知行"两个字也是就用功而言的。至于"知"和"行"的本体，就是良知良能，即使对"困知勉行"的人而言，也都可以称作是"生知安行"了。"知行"这两个字还应该更加深入地体察呀。

来信中说："当初周敦颐常常让程颢去寻找孔子、颜回的快乐。敢问这种快乐，与七情中的快乐是否相同？如果相同，那么常人只要随心如愿，就都能快乐，又何必需要圣贤呢？如果是另有纯真的乐趣，那么圣贤遭遇到大忧、大怒、大惊、大惧的事情，还会有这种快乐吗？而且君子信中常存戒惧，这大概也是他们一生的忧患了，又怎么会有快乐呢？陆澄我平生常常感到忧闷，还从未见识过纯真的乐趣，所以现在就迫切地想得到。"

乐是心的本体，虽然不同于七情中的乐，但是也不在七情中的乐之外。虽然圣贤另有纯真的乐趣，但这样的乐趣常人也同样拥有，只是常人虽然有，自己却并不知道，反而自己去求索到了许多忧苦，于是便自我迷茫，自暴自弃。就算在忧苦迷弃之中，这种乐趣也不是不存在，只需要有个豁然开朗的念头，返归内心求索真诚，那么这种快乐就会显现。我每次与原静你谈论这些，没有不是这个意思的，但是原静你却还在提出寻求这种乐趣的方式方法等问题，这就未免像骑着驴子却四处寻找驴子一样可笑了。

来信中说:"《大学》认为,只要心中怀有好乐、忿懥、忧患、恐惧等情感,就都不算是平正,程颢先生也曾说过"圣人情顺万事而无情"这样的话。所谓怀有情感,《传习录》中用疟疾作比喻,非常精准。就像程先生所言,这就是因为圣人之情不是产生于心中,而产生于事物之中,这话又是什么意思呢?而且感知到了事物,就会产生相应的感情,那么世间的是是非非就可以去探究了。有时感知不到事物,即使心怀情感,却还没有成形,但是要说没有,似乎隐隐约约中还能感觉到病根,这样的话,我又该怎样去致知呢?学习贵在无情,但是这样即使拖累减轻了,却背离儒家讲入了佛家,可以吗?"

圣人致知的功夫,是至诚无息的。它们良知的本体,也皎洁如同明镜,完全没有被一丝灰尘所遮蔽,美的或丑的东西,在镜子面前都会照应出本来的样子,但是明镜却不曾留下沾染的痕迹,这就是所谓的"情顺万事而无情也"。"无所住而生其心",佛家曾有这样的话,并没有说错。明镜映照事物,美的照出来是美的,丑的照

出来还是丑的,一照便能显现出真面目,这就叫"生其心"。美的照出来还是美的,丑的照出来还是丑的,镜子照过一次以后也不会留下影子,这就是"无所住"。既然已经能体会到用疟疾作比喻是非常精准的,那么这一问题也就能够清楚了。疟疾病人,即使疟疾不发病,但病根还在,那怎么能因为疟疾还没有发作,就忘记服药并且下调理的功夫呢?如果一定要等到疟疾病发以后再服药调理,就太晚了。致知的功夫,跟有事没事没关

系，就像难道能在调埋病人的时候讨论病症发作还是没发作吗？总的说来，原静你所说的事情，虽然前后看起来不一样，但是都是由于自私自利、逢迎固执在作祟。只要这个病根一祛除，那么前前后后所疑惑的事情，自然就会冰消雾释，也就不必去提问和讨论了。

钱德洪说：《答陆原静书》一经刊出，读者很喜欢陆澄的善于提问和老师的善于解答，都认为自己得到了过去闻所未闻的事情。老师曾说："陆原静所问的，都是在'知道'和'理解'上面走弯路，所以我不得已才为他逐节分析。如果相信良知，只在良知上下功夫，即使千万经典，也没有不相吻合的，异端邪说就会一并破除，哪还要像这样节节分解？佛家有被石头打的狗不扑人反而追石头的比喻，看到了石头而去寻找人，就能找到扔石头的人，看见石头却去追逐石头，从石头上又能得到什么呢？"在场的几位朋友听了以后，都豁然醒悟。这说明学习贵在反求自身，而不是简单的"知道了解"就能领悟的。

答罗整庵少宰书

原 文

某顿首启：昨承教及《大学》，发舟匆匆，未能奉答。晓来江行稍暇，复取手教而读之。恐至赣后人事复纷沓，先具其略以请。

来教云："见道固难，而体道尤难。道诚未易明，而学诚不可不讲。恐未可安于所见而遂以为极则也。"

幸甚幸甚。何以得闻斯言乎？其敢自以为极则而安之乎？正思就天下之道以讲明之耳。而数年以来，闻其说而非笑之者有矣，诟訾之者有矣，置之不足较量辨议之者有矣，其肯遂以教我乎？其肯遂以教我，而反复晓喻，恻然惟恐不及救正之乎？然则天下之爱我者，固莫有如执事之心深且至矣，感激当何如哉。夫"德之不修，学之不讲"，孔子以为忧。而世之学者稍能传习训诂，即皆自以为知学，不复有所谓讲学之求，可悲矣。夫道必体而后见，非已见道而后加体道之功也。道必学而后明，非外讲学而复有所谓明道之事也。然世之讲学者有二，有讲之以身心者，有讲之以口耳者。讲之以口耳，揣摸测度，求之影响者也。讲之以身心，行著习察，实有诸己者也。知此，则知孔门之学矣。

来教谓某"《大学》古本之复，以人之为学但当求之于内，而程、朱格物之说不免求之于外，遂去朱子之分章，而削其所补之传"。

非敢然也。学岂有内外乎？《大学》古本乃孔门相传旧本耳，朱子疑其有所脱误而改正补缉之，在某则谓其本无脱误，悉从其旧而已矣。失在于过信孔子则有之，非故去朱子之分章而削其传也。夫学贵得之心，求之于心而非也，虽其言之出于孔子，不敢以为是也，而况其未及孔子者乎？求之于心而是也，虽其言之出于庸常，不敢以为非也，而况其出于孔子者乎？且旧本之传数千载矣，今读其文词，即明白而可通，论其功夫，又易简而可入。亦何所按据而断其此段之必在于彼，彼段之必在于此，与此之如何而缺，彼之如何而补？而遂改正补缉之，无乃重于背朱而轻于叛孔已乎？

来教谓："如必以学不资于外求，但当反观内省以为务，则正心诚意四字亦何不尽之有，何必于入门之际，便困以格物一段功夫也？"

诚然诚然。若语其要，则"修身"二字亦足矣，何必又言"正心"？"正心"二字亦足矣，何必又言"诚意"？"诚意"二字亦足矣，何必又言"致知"，又言"格物"？惟其功夫之详密，而要之只是一事，此所以为"精一"之学，此正不可不思者也。夫理无内外，性无内外，故学无内外。讲习讨论，未尝非内也；反观内省，未尝遗外也。夫谓学必资于外求，是以己性为有外也，是"义外"也，"用智"者也。谓反观内省为求之于内，是以己性为有内也，是有我也，自私者也。是皆不知性之无内外也。故曰："精义入神，以致用也；利用安身，以崇德也"；"性之德也，合内外之道也。"此可以知"格物"之学矣。

"格物"者，《大学》之实下手处，彻首彻尾，自始学至圣人，只此功夫而已，非但入门之际有此一段也。夫正心、诚意、致知、格物，皆所以修身。而格物者，其所用力，日可见之地。故格物者，格其心之物也，格其意之物也，格其知之物也。正心者，正其物之心也。诚意者，诚其物之意也。致知者，致其物之知也。此岂有内外彼此之分哉？理一而已。以其理之凝聚而言则谓之性，以其凝聚之主宰而言则谓之心，以其主宰之发动而言则谓之意，以其发动之明觉而言则谓之知，以其明觉之感而言则谓之物。故就物而言谓之格，就知而言谓之致，就意而言谓之诚，就心而言谓之正。正者，正此也；诚者，诚此也；致者，致此也；格者，格此也。皆所谓穷理以尽性也。天下无性外之理，无性外之物。学之不明，皆由世之儒者认理为外，认物为外，而不知义外之说，孟子盖尝辟之。乃至袭陷其内而不觉，岂非亦有似是而难明者欤？不可以不察也。

凡执事所以致疑于格物之说者，必谓其是内而非外也；必谓其专事于反观内省之为，而遗弃其讲习讨论之功也；必谓其一意于纲领本原之约，而脱略于支条节目之详也；必谓其沉溺于枯槁虚寂之偏，而不尽于物理人事之变也。审如是，岂但获罪于圣门，获罪于朱子？是邪说诬民，叛道乱正，人得而诛之也。而况于执事之正直哉？审如是，世之稍明训诂，闻先哲之绪论者，皆知其非也。而况执事之高明哉？凡事之所谓格物，其于朱子九条之说，皆包罗统括于其中。但为之有要，作用不同，正所谓毫厘之差耳。无毫厘之差，而千里之谬，实起于此，不可不辨。

孟子辟杨、墨至于无父、无君。二子亦当时之贤者，使与孟子并世而生，未必不以之为贤。墨子兼爱，行仁而过耳。杨子为我，行义而过耳。此其为说，亦岂灭理乱常之甚而足以眩天下哉？而其流之弊，孟子则比于禽兽、夷狄，所谓以学术杀天下后世也。

今世学术之弊，其谓之学仁而过者乎？谓之学义而过者乎？抑谓之学不仁、不义而过者乎？吾不知其于洪水、猛兽何如也。孟子云："予岂好辨哉？予不得已也。"杨、墨之道塞天下。孟子之时，天下尊信杨、墨，当不下于今日之崇尚朱说。而孟子独以一人呶呶于其间。噫。可哀矣。韩氏云："佛、老之害，甚于杨墨。"韩愈之贤，不及孟子。孟子不能救之于未坏之先，而韩愈乃欲全之于已坏之后。其亦不量其力，果见其身之危，莫之救以死也。呜呼。若某者，其尤不量其力，果见其身之危，莫之救以死也矣。夫众方嘻嘻之中，而犹出涕嗟若；举世恬然以趋，而独疾首蹙额以为忧。此其非病狂丧心，殆必诚有大苦者隐于其中，而非天下之至仁，其孰能察之。

某为《朱子晚年定论》，盖亦不得已而然。中间年岁早晚，诚有所未考，虽不必尽出于晚年，固多出于晚年者矣。然大意在委曲调停，以明此学为重。平生于朱子之说，如神明蓍龟，一旦与之背驰，心诚有所未忍，故不得已而为此。"知我者谓我心忧，不知我者谓我何求。"盖不忍抵牾朱子者，其本心也。不得已而与之抵牾者，道固如是，不直则道不见也。执事所谓决与朱子异者，仆敢自欺其心哉？夫道，天下之公道也；学，天下之公学也。非朱子可得而私也，非孔子可得而私也。天下之公也，公言之而已矣。故言之而是，虽异于己，乃益于己也；言之而非，虽同于己，适损于己也。益于己者，己必喜之；损于己者，己必恶之。然则某今日之论，虽或于朱子异，未必非其所喜也。"君子之过，如日月之食。其更也，人皆仰之"。而"小人之过也必文"。某虽不肖，固不敢以小人之心事朱子也。

执事所以教，反复数百言，皆以未悉鄙人格物之说。若鄙说一明，则此数百言皆可以不待辨说而释然无滞，故今不敢缕缕，以滋琐屑之渎。然鄙说非面陈口析，断亦未能了了于纸笔间也。嗟乎。执事所以开导启迪于我者，可谓恳到详切矣。人之爱我，宁有如执事者乎？仆虽甚愚下，宁不知所感刻佩服？然而不敢遽舍其中心之诚，然而姑以听受云者，正不敢有负于深爱，亦思有以报之耳。秋尽东还，必求一面，以卒所请，千万终教。

我尊敬地打开信：昨天承蒙教诲，并且领略了您对《大学》的见解，因为开船匆忙，没能及时回复。今天早上船行在江面上稍稍我有了一些闲暇，于是又取来您的亲笔信来读。害怕到了江西境内后，人情世故的事情就会纷至沓来，就先大略表达一下自己的看法，还请您指正。

您在来信中教导说："领略大道固然困难，但是体察大道更为艰难。想明白大道的确非常不容易，而学问又是不可不讲的，恐怕不可以安于自己的见解，以为这就是至高至极的准则。"

我太幸运，太荣幸了！不

然，怎能听得这样的言论呢？我哪里敢以为自己的见解高妙并且安于它呢？我只是正想去求索天下的大道，并且试着将它讲明而已。但是多年来，听了我的学说的人，有非议嘲笑的，有诟病谩骂的，有置之不理并且不屑一顾的，哪有人愿意直接教导我的呢？哪里有愿意直接教导我，并且反复晓谕，恻然伤神地惟恐来不及救治和指正我的人呢？因此天底下爱我的人，的确没有一个能像您一样用心尽力深沉地爱我的，我又该如何感激您呢！至于"德之不修，学之不讲"，是连孔子都会感到忧虑的。但是当世之学者只要能稍稍背诵经典，学习一些训诂，就都自以为懂得学问，不再有所谓讲学的追求，这太可悲了！道一定要体察之后才能知晓，并非是已经发现了道，然后才去下体察大道的功夫。道一定要学习以后才能明了，并非是在讲学之外，还能有所谓的"明道"这回事。但是世间的讲学者分为两类，有用身心去讲学的，也有用口耳去讲学的。用口耳去讲学的人，只会揣摩猜测，寻求学问的影子和回音。用身心去讲学的人，行著习察，全都付诸于自己的实际体验中。知道这样做，便能知道孔门的学问了。

您在信中赐教，认为我对《大学》古本的恢复，是因为人做学问只需要在内心中寻求，但程、朱"格物"的学说不免要向外寻求，于是就删去了朱熹先生对《大学》的分章，并且删除了他补作的传。

我不敢这样做。而且，学问哪里还有内外之分呢？《大学》的古本乃是孔门世代相传的旧本。朱熹先生怀疑其中有脱漏和错误，便对其进行的改正和增补，但是我却认为古本中并没有脱漏和错误，于是便全都照旧而已。如果有过失，那么就是在于过于相信孔子，并非是故意去掉朱先生的分章，并且删削他的传注。学习，心中有所得，认为向内心中寻求是错的，即使这样的话是孔子说的，我也不敢认为这是正确的，更何况那些比不上孔子的人呢？认为向内心寻求是正确的，就算这个话是平庸的普通人说的，我也不敢认为是错误的，更何况是孔子本人说的呢？而且旧本流传了数千年之久，现在读其中的文词，也还是明白通顺的，提及如何下功夫，又简单明了使人容易实践。如此说来，有什么感觉能推断这一段一定要在那里，那一段又一定要在这里呢，在此处为什么会缺少，那一段为什么要补充呢？像这样轻率地对文句改正补充，岂不是将背弃朱子看得比背叛孔子更重了吗？

来信中指正说："如果一定认为学习不必向外部求助，只应当致力返归心中内省，那么'正心诚意'这四个字不是也说得很到位了，何必还要在入门的时候，用下'格物'这一部分功夫来困扰学者呢？"

没错，很有道理！如果说到要义上，那么"修身"两个字就已经足够了！何必说什么"正心"呢？"正心"两个字也足够了，何必再说"诚意"？"诚意"两个字也足够了，何必还要说"致知"，还要说"格物"呢？只是因为所下的功夫详细精密，但是要义只是一件事，就是所谓的"精一"的学问，这正是那个不可以不思考的问题。理，并没有内外的区别，性也不分内外，所以学习便也不分内外。讲习或者讨论，不一定不是内在的；反观内省，也不一定是遗弃了外部。如果认为学习就一定要求助于外部，就是认为自己的天性还有外在的一面，这就是"义外"，也就是"用智"。如果认为反观内省是求助于内心，认为自己的天性还有对内的一面，这就是"有我"，也就是"自私"。这些都是不知道天性本无内外之分造成的。所以说："精义入神，以致用也；利用安身，以崇德也"，"性之德也，合内外之道也"。从这就可以了解到格物的学问了。"格物"，是《大学》一书中实实在在指出的入手之处，彻头彻尾，从开始学习，到真正成为圣人，就只有这个工夫而已，并非只有入门的时候才有这一段。所谓的正心、诚意、致知、格物，都是修身的方法。但是对格物所下的气力，是每日都能看到进步的。所以"格物"的实质，其实是格自己心中的物，格自己意念中的物，格自己知中的物。而正心，就是要正物的心。诚意，就是诚其物的意念。致知，就是致其物的知。这难道还有内外彼此的分别吗？理，只有一个。就理的凝聚而言便称之为"性"，就凝聚的主宰而言就称之为"心"，就主宰的发动来说就称之为"意"，就发动的明觉来说就称之为"知"，就明觉的感应来说便称之为"物"；所以对物来说就称之为"格"，对知来说就称之为"致"，对意来说就称之为"诚"，对心来说就称之为"正"。所谓的正，正的就是这些；诚，也是诚这些；致，也是致这些；格，也同样就是格这些。这些都是所谓的"穷理以尽性"。天底下没有天性之外的天理，没有天性以外的物。圣人之学之所以不彰明，都是因为后世的儒生们认为理在外部，认为物在外部，却不知道还有"义外"的说法，孟子曾经反驳过这些观点，但是重蹈覆辙却并未发觉，这难道不也是似是而非，而难以彰明的情况吗？所以不可以不自己省察呀！

但凡您对我的格物之说有疑惑之处，就一定认为我赞成向内心求索而否定向外部求索；一定认为我一味强调返归省察内心，而遗弃了用功讲习和讨论；一定认为我一心致力简单的原本纲领，而疏忽深究枝节的条目；一定认为我沉溺于偏颇的枯槁虚寂，而没有穷尽人情事物的变化。如果真是这样，岂止得罪了孔子的圣门，也获罪于朱熹先生？这简直就是妖言惑众，离经叛道，也就人人得以诛之。更何况像您这样的正直之人呢？如果真是这样，世间稍微懂一点训诂的学问、听说过一点先哲的议论的人，就都会知道我的错误。而更何况您这样高瞻远瞩的人呢？但凡我所说"格物"，将朱熹先生的九条内容，全都包括到了其中。只是实践中的要点，以及发挥的作用不同，但是不过是所谓的"毫厘之差"而已。但是如果没有毫厘之差，千里之谬实际上也不会产生，这是不可以不明辨的。

孟子驳斥杨朱、墨翟，说他们简直是"无父无君"。这两个人也堪称当时的贤人，假使他们和孟子处在同一时代，孟子也未必不认为他们不贤能。墨子的"兼爱"，是施行仁政而过分了。杨朱的"为我"，则是施行道义有些过分了。他们的学说，哪里到了灭天理、乱纲常，以至于迷惑天下的地步呢？但是他们学说的流弊，却被孟子比作禽兽和蛮夷，正是所谓的用学术来屠杀天下后世的行为。现今学术的弊病，是学习仁爱有些过分呢？还是说学习道义有些过分呢？或者是所谓的学习不仁不义有些太过分了呢？我不知道它比起洪水猛兽来究竟会怎么样！孟子曾说："予岂好辩哉？予不得已也。"杨朱和墨翟的学说，曾经充塞于天下。孟子的时候，天下尊崇信奉杨朱和墨翟，应该不亚于今天崇尚朱熹的学说。但是孟子以一己之力，在其中辩论。唉，真是悲壮！韩愈曾经也说："佛、老之害，甚于杨、墨。韩愈之贤，不及孟子。孟子不能救之于未坏之先，而韩愈乃欲全之于已坏之后。其亦不量其力，且见其身之危，莫之救以死也。"哎呀！像我这样的人，不也是很不自量力，眼见自身陷于危难中，也没有一个人能救我一命！当众人正在嘻笑时，我却还在流泪叹息；举世都在安然地亦步亦趋时，也只有我自己在皱眉忧虑。如果这不是丧心病狂，大概就一定心怀极大的痛苦。如果不是天下最仁爱的人，谁还能察觉到呢？我所作《朱子晚年定论》，也是不得已而为之。其中对年岁的早晚，的确存在没有考证到之处，即使不是全出在他的晚年，也是绝大多数出自他的晚年。然而我的本意是在调和朱、陆二人观点的差异，以彰明这一学说为重点。我平生对于朱熹先生的学说，一直视若神明和占卜用的蓍龟，一旦与之背道而驰，心中实在有所不忍，所以说是不得已而为之。"知我者谓我心忧，不知我者谓我何求。"我不忍心抵触批评朱先生的原因，就是我的本心。不得已而反对他的思想的原因，是大道本来就是那样，不直抒胸臆，大道就不会显现。您所说的我是故意与朱子不同，我怎敢自欺本心呢？大道，是天下之共有的道；学问，也是天下所公学的。不是朱熹先生可以私藏的，也绝非孔子可以私得的。天下所共同拥有的东西，只能秉公而言而已。所以说对了，就算与自己的观点不同，也一定都会对自己有益；说错了，即使与自己的观点相同，也会对自己有害。对自己有益的，自己一定会喜欢；对自己有害的，自己也一定会厌恶；然而我今天所谈论的，即使与朱熹先生的观点有差异，他也未必不喜欢。"君子之过，如日月之食。其更也，人皆仰之"，但是"小人之过也必文"。我虽然不贤明，也实在不敢用小人的心看待朱先生呀。

您之所以会对我加以教诲，不惜反反复复写上数百字，都是因为还没有了解鄙人"格物"的学说。如果您一旦明白我的观点，那么就不需要说这几百字便都完全释然畅通了，所以我现在不敢啰嗦，以招来"琐屑"的批评。但是我浅薄的学说如果不是当面陈说，也断然不是只凭笔写纸录就能说清楚的。哎呀！您对我的开导启迪，可以说是恳切详尽。世上爱惜我的人，还有像您这样的吗？即使我十分愚笨低下，难道不知道应该感激佩服吗？然而，我还是

不敢轻易舍弃心中的诚意，暂且听取您的建议，正是因为不敢辜负您对我的深爱，想通过某种方式来报答您。

等到晚秋时节，也就是我东归之时，一定求见您一面，以实现我对您的请求，请您千万倾囊而授。

答聂文蔚（一）

原文

春间远劳迂途枉顾，问证惓惓，此情何可当也？已期二三同志，更处静地，扳留旬日，少效其鄙见，以求切磨之益。而公期俗绊，势有不能，别去极怏怏如有所失。忽承笺惠，反复千余言，读之无甚浣慰。中间推许太过，盖亦奖掖之盛心。而规砺真切，思欲纳之于贤圣之域。又托诸崇一以致其勤勤恳恳之怀，此非深交笃爱何以及是？知感知愧，且惧其无以堪之也。虽然，仆亦何敢不自鞭勉，而徒以感愧辞让为乎哉？其谓"思、孟、周、程无意相遭于千载之下，与其尽信于天下，不若真信于一人。道固自在，学亦自在，天下信之不为多，一人信之不为少"者，斯固君子"不见是而无闷"之心。岂世之谪谪屑屑者知足以及之乎？乃仆之情，则有大不得已者存乎其间。而非以计人之信与不信也。

夫人者，天地之心。天地万物本吾一体者也。生民之困苦荼毒，孰非疾痛之切于吾身者乎？不知吾身之疾痛，无是非之心者也。是非之心，不虑而知，不学而能，所谓良知也。良知之在人心，无间于圣愚，天下古今之所同也。世之君子惟务致其良知，则自能公是非，同好恶，视人犹己，视国犹家，而以天地万物为一体。求天下无治，不可得矣。古之人所以能见善不啻若己出，见恶不啻若己入，视民之饥溺，犹己之饥溺，而一夫不获，若己推而纳诸沟中者。非故为是而以蕲天下之信己也，务致其良知求自慊而已矣。尧、舜、三王之圣，言而民莫不信者，致其良知而言之也。行而民莫不说者，致其良知而行之也。是以其民熙熙皞皞，杀之不怨，利之不庸，施及蛮貊，而凡有血气者莫不尊亲，为其良知之同也。呜呼。圣人之治天下，何其简且易哉。

后世良知之学不明，天下之人用其私智以相比轧，是以人各有心，而偏琐僻陋之见，狡伪阴邪之术，至于不可胜说。外假仁义之名，而内以行其自私自利之实，诡辞以阿俗，矫行以干誉。损人之善而袭以为己长，讦人之私而窃以为己直。忿以相胜而犹谓之徇义。险以相倾而犹谓之疾恶，妒贤忌能而犹自以为公是非，恣情纵欲而犹自以为同好恶。相陵相贼，自其一家骨肉之亲，已不能无尔我胜负之意，彼此藩篱之形，而况于天下之大，民物之众，又何能一体而视之？则无怪于纷纷籍籍而祸乱相寻于无穷矣。

仆诚赖天之灵，偶有见于良知之学，以为必由此而后天下可得而治。是以每念斯民之陷溺，则为之戚然痛心，忘其身之不肖，而思以此救之，亦不自知其量者。天下之人见其若是，遂相与非笑而诋斥之，以为是病狂丧心之人耳。呜呼，是奚足恤哉？吾方疾痛之切体，而暇计人之非笑呼？人固有见其父子兄弟之坠溺于深渊者，呼号匍匐，裸跣颠顿，扳悬崖壁而下拯之。士之见者，方相与揖让谈笑于其旁，以为是弃其礼貌衣冠而呼号颠顿若此，是病狂丧心者也。故夫揖让谈笑于溺人之旁而不知救，此惟行路之人，无亲戚骨肉之情者能之。然已谓之无恻隐之心，非人矣。若夫在父子兄弟之爱者，则固未有不痛心疾首，狂奔尽气，匍匐而拯之，彼将陷溺于祸而不顾，而况于病狂丧心之讥乎？而又况于蕲人信与不信乎。呜呼。今之人虽谓仆为病狂丧心之人，亦无不可矣。天下之人，皆吾之心也。天下之人犹有病狂者矣，吾安得而非病狂乎？犹有丧心者矣，吾安得而非丧心乎？

昔者孔子之在当时，有议其为谄者，有讥其为佞者，有毁其未贤，诋其为不知礼，而侮之以为"东家丘"者，有嫉且沮之者，有恶而欲杀之者，晨门、荷蒉之徒，皆当时之贤士，且曰"是知其不可而为之者欤。""鄙哉。硁硁乎。莫己知也，斯已而已矣。"虽子路在升堂之列，尚不能无疑于其所见，不悦于其所欲往，而且以之为迂，则当时之不信夫子者，岂特十之二三而已乎？然而夫子汲汲遑遑，若求亡子于道路，而不暇于暖席者，宁以蕲人之知我、信我而已哉？盖其天地万物一体之仁，疾痛迫切，虽欲已之而自有所不容已，故其曰言："吾非斯人之徒与而谁与？""欲洁其身而乱大伦。""果哉，末之难矣。"呜呼。此非诚以天地万物者为一体者，孰能以知夫子之心乎？若其"遁世无闷"，"乐天知命"者，则固"无入而自得"，"道并行而不相悖"也。

仆之不肖，何敢以夫子之道为己任。顾其心亦已稍知疾痛之在身，是以彷徨四顾，将求其有助于我者，相与讲去其病耳。今诚得豪杰同志之士，扶持匡翼，共明良知之学于天下，使天下之人皆知自致其良知，以相安相养，去共自私自利之蔽，一洗谗妒胜忿之习，以济于大同。则仆之狂病固将脱然以愈，而终免于丧心之患矣。岂不快哉。嗟乎。今诚欲求豪杰同志之士于天下，非如吾文蔚者，而谁望之乎？如吾文蔚之才与志，诚足以援天下之溺者，今又既知其具之在我，而无假于外求矣，循是而充，若决河注海，孰得而御哉？文蔚所谓一人信之不为少，其又能逊以委之何人乎？

会稽素处山水之区。深林长谷，信步皆是，寒暑晦明，无时不宜，安居饱食，尘嚣无扰，良朋四集，道义日新，优哉游哉。天地之间宁复有乐于是者？孔子云："不怨天，不尤人，下学而上达。"

仆与二三同志方将请事斯语，奚暇外慕？独其切肤之痛，乃有未能恝然者，辄复云云尔。咳疾暑毒，书札绝懒，盛使远来，迟留经月，临歧执笔，又不觉累纸，盖于相知之深，虽已缕缕至此，殊觉有所未能尽也。

劳烦你春天绕道光临寒舍，询问论证不知疲倦。此等真情我何以承担？本来已经约好了几个志同道合的朋友，选一处安静的地方，住上十来天，探讨一下我的观点，以便在彼此切磋中有所裨益。但是你公务繁忙，身不由己，不得不离开，我心中怅然若失。突然收到你的来信，前后数千言，我读后心中甚感欣慰。信中对我的过奖之处，是对我的一片提携鼓舞之情，其中的真切砥砺，令我感动，是想促进我跨入圣贤的领域。你又委托欧阳德转达对我的诚恳的关怀之情，要不是深交厚爱的人，又怎能如此？我既感动又愧疚，生怕担负不起你的盛意。虽然如此，我怎敢不更加勉励自己，而仅仅以愧不敢当为借口推辞呢？

你所说的"子思、孟子、周敦颐、程颢、程颐并不期望千年之后仍被人理解，与其让天下人都相信，倒不如让一个人真相信。圣道自然存在，圣学也自然存在，普天之下的人全信奉不算多，只有一个人信奉也不算少"的话，这固然是君子"不被肯定也不烦闷"的心胸，但这岂是世上那些体认浅薄的人所谓的知足常乐所能明白的呢？对我来说，心中有很多迫不得已的苦衷，并非要计较别人到底信还是不信。

人就是天地的心，天地万物与其本系一体。民间疾苦，又哪一件不是自己的切肤之痛？不知道自身痛苦的人，就是没有是非之心的人。是非之心，不需要思考就能知道，不用学就能分辨，这就是所谓的良知。良知自在人的心中，不论贤愚，从古到今都是相同的。世上的君子，只要专心在致良知上，那么自然能具备共同的是非好恶，待人如己，视国如家，视天地万物与己为一体，以求得天下的大治。古人之所以能见善行等同于自己做的，见恶行等同于自己受的，把百姓的疾苦当做自己的疾苦，有一个人生活没有着落，就像自己把他推到了沟中去似的，他们并不是故意这样做以取信于天下，而是凭着良知做事求得自己的快乐而已。尧、舜、禹、汤、周文王、周武王说的话百姓们没有不相信的，这是因为他们所说的也只是推致了自己的良知；他们的行为百姓没有不心悦诚服的，这是因为他们所做的也只是推致了自己的良知。所以当时的民风光明祥和，百姓获刑而不抱怨，得到好处就当稀松平常，把这些推及蛮夷之地，凡是有血气的人无不孝敬自己的父母，因为大家的良知都是一样的。唉！圣人治理天下，是多么简单容易呀！

后来，世上良知的学问不再昌明，天下的人各自用自己的私心才智互相倾轧，各自包藏私心，而那些偏执浅陋、琐碎繁杂的见解，虚伪阴险的手段，就更是达到了数不胜数的地步。一部分人以仁义为招牌，做着一些自私自利的勾当；用诡辩去取悦世俗，用虚伪的行为来博得名誉。把掩盖别人的善良当做自己的长处，攻击别人的隐私窃取正直的虚名。为泄私愤而相互争斗却认为是为正义而献身，阴险地互相倾轧

却说是嫉恶如仇，嫉贤妒能却以为自己能主持公道，恣意放纵却以为自己爱憎分明。人与人之间彼此侵害，即使是骨肉之亲，彼此之间也要分出个胜负高低，彼此间隔膜丛生，更何况天下之大、人民之众，又怎么可能做到一体视之？这就难怪天下动荡、纷争迭起没有穷尽了。

我仰赖天之灵气，偶然发现了良知的学问，觉得必须致良知而后天下才能得到大治。所以我每当想到百姓的困苦，就会为之忧戚痛心，而忘了自己才疏学浅，想以此救世，也是自不量力。天下人看见我这样做，于是争相嘲弄讥讽我，以为我是个丧心病狂之徒。唉，有什么值得我顾虑的！我正有切肤之痛，还能顾虑别人的非议和诋毁吗？如果人们看见自己的父子兄弟掉进了深渊，一定会大喊大叫，不顾弃鞋丢帽，攀着崖壁奋不顾身地下去拯救。世人见到他如此这般，还能若无其事地揖让谈笑，认为这样衣冠不整、大喊大叫有失礼节，指斥他这是丧心病狂。因此作揖打躬、谈笑风生，旁边有人落水了也不去救，这只有没有亲戚骨肉之情的山野之人才这样做。这种行为正如孟子已经说过的"无恻隐之心，非人矣"。如果是有父子兄弟亲情的，那么一定会痛心疾首，狂奔尽气，撕袍捋带，竭尽全力拯救之，他们不顾有溺水的危险，哪还会在乎别人的闲言碎语呀？哪还有心乞求别人信不信自己呀？唉！现在的人即使说我是丧心病狂，我也不在乎。天下人的心，都是我的心。天下的人有病狂的，我为什么非得不病狂呢？天下人中还有丧心的，我为什么非得不丧心呢？

孔子在世时，时人有议论他谄媚的；有讥讽他奸佞的；有诋毁他不贤的；有诽谤他不懂礼仪，说他是"东家丘"的；有因妒忌而败坏他名声的；有憎恨他而想要他命的。即使当时的贤士晨门、荷蒉也说："是知其不可而为之者欤？""鄙哉！硁硁乎！莫己知也，斯已而已矣。"子路在孔子那里该算是登堂入室之徒了，尚且怀疑孔子的见解，孔子去见南了，他表示极大的不满。那么当时不相信孔子学说的人，难道只有十分之二三吗？然而孔子依然好像在路上寻找丢失的儿子一样，汲汲遑遑地奔波于诸国之间，都没工夫把炕席坐暖，难道就是为了让人相信、理解自己吗？因为他有天地万物为一体的仁爱之心，能够深深感到切肤之痛，即使不想管也身不由己。因此他才说："吾非斯人之徒与而谁与？""欲洁其身而乱大伦。""果哉，末之难矣！"哎！要不是以天下万物为一体的人，怎么能了解孔夫子的心呢？世上如许"遁世无闷""乐天知命"的人，自然会"无入而不自得"和"道并行而不相悖"了！

鄙人才疏学浅，哪里敢以振兴孔子的圣道为己任？只是我的心里也稍微知道自己身上的病痛，因此彷徨四顾，想找到能帮助我的人，相互讲习讨论以去除我身上的毛病。现在如果真能有豪杰同志支持我，提携匡正我，共同昌明良知之学于天下，让全天下所有的人都知道致自己的良知，以和平共处，相安无事，去除掉每个人自私自利的贪欲，清除谗言、嫉妒、好胜和易怒的恶习，以实现天下的大同，那么我所谓的丧心病狂的毛病也就不治自愈了，岂不快哉？

哎！现在如果真要寻求世上的豪杰同志，不是你文蔚，那还能指望谁呢？像你这样的才能和志向，是有能力拯救普天之下那些行将溺毙之人的。现在又已经知道良知就在自己心中，而不需要假借外在事物而求得，那么就遵循良知并加以扩充，那就像是大河入海，谁又能挡得住呢？你所说的"一人相信不算少"，你又能谦逊地把重担交给谁呢？

会稽地处风景名胜之地。茂密的森林，幽深的峡谷，比比皆是。无论是冬夏、阴晴，都气候宜人。这里生活安定而远离世俗，朋友云集，思路日新，优哉游哉，天下的悠闲还有比这更好的吗？孔子说："不怨恨天，不责怪人，学习普通的知识而通晓天理。"我和几位志同道合的朋友正想按照孔子的话去做,哪有时间向外思慕?唯独对这切肤之痛,又不能无动于衷,所以才又说了这么多。我本有咳嗽之疾,最近天又热,懒于写信,你派人远道而来,并留在这里一个月左右,临启程时我才提笔,不知不觉又写个没完。毕竟我们相知甚深,虽然信已这样详尽,但仍觉言不尽兴。

答聂文蔚(二)

原文

　　得书,见近来所学之骤进,喜慰不可言。谛视数过,其间虽亦有一二未莹彻处,却是致良知之功尚未纯熟,到纯熟时自无此矣。譬之驱车,既已由于康庄大道之中,或时横斜迂曲者,乃马性未调,衔勒不齐之故,然已只在康庄大道中,决不赚入旁蹊曲径矣。近时海内同志,到此地位者曾未多见,喜慰不可言,斯道之幸也。

　　贱躯旧有咳嗽畏热之病,近入炎方,辄复大作。主上圣明洞察,责付甚重,不敢遽辞。地方军务冗沓,皆舆疾从事。今却幸已平定,已具本乞回养病,得在林下稍就清凉,或可廖耳。人还,伏枕草草,不尽倾企。外惟浚一简,幸达致之。

　　来书所询,草草奉复一二。近岁来山中讲学者,往往多说勿忘勿助功夫甚难。问之,则云才著意便是助,才不著意便是忘,所以甚难。区区因问之云"忘是忘个甚?助是助个甚?"其人默然无对,始请问。区区因与说,我此间讲学,却只说个"必有事焉",不说勿忘勿助。"必有事焉"者只是时时去"集义"。若时时去用

"必有事"的功夫。而或有时间断，此便是忘了，即须"勿忘"。时时去用"必有事"的功夫，而或有时欲速求效，此便是助了，即须"勿助"。其功夫全在"必有事焉"上用；"勿忘勿助"，只就其间提撕警觉而已。若是功夫原不间断，即不须更说勿忘；原不欲速求效，即不须更说勿助。此其功夫何等明白简易。何等洒脱自在。今却不去"必有事"上用功，而乃悬空守著一个"勿忘勿助"，此正如烧锅煮饭，锅内不曾渍水下米，而乃专去添柴放火，不知毕竟煮出个甚么物来。吾恐火候未及调停，而锅已先破裂矣。近日，一种专在勿忘勿助上用功者，其病正是如此。终日悬空去做个勿忘，又悬空去做个勿助，济济荡荡，全无实落下手处，究竟功夫，只做得个沉空守寂，学成一个痴呆汉。才遇些子事来，即便牵滞纷扰，不复能经纶宰制。此皆有志之士，而乃使之劳苦缠缚，担搁一生，皆由学术误人之故，甚可悯矣。

夫"必有事焉"只是"集义"，集义只是致良知。说集义则一时未见头脑，说致良知即当下便有实地步可用功。故区区专说致其良知。随时就事上致其良知，便是格物。著实去致良知，便是诚意，著实致其良知，而无一毫意必固我，便是正心。著实致良知，则自无忘之病。无一毫意必固我，则自无助之病。故说格、致、诚、正，则不必更说个忘助。孟子说忘助，亦就告子得病处立方。告子强制其心，是助的病痛，

故孟子号说助长之害。告子助长，亦是他以义为外，不知就自心上"集义"，在"必有事焉"上用功，是以如此。若时时刻刻就自心上"集义"，则良知之体洞然明白，自然是是非非纤毫莫遁，又焉"不得于言，勿求于心；不得于心，勿求于气"之弊乎？孟子"集义"、"养气"之说，固大有功于后学，然亦是因病立方，说得大段，不若《大学》格、致、诚、正之功，尤极精一简易，为彻上彻下，万世无弊者也。

圣贤论学，多是随时就事，虽言若人殊，而要其功夫头脑，若合符节。缘天地之间，原只有此性，只有此理，只有此良知，只有此一件事耳。故凡就古人论学处说功夫，更不必挽和兼搭而说，自然无不吻合贯通者。才须挽和兼搭而说，即是自己功夫未明彻也。

近时有谓集义之功，必须兼搭个致良知而后备者，则是集义之功尚未了彻也。集义之功尚未了彻，适足以为致良知之累而已矣。谓致良知之功，必须兼搭一个勿忘勿助而后明者，则是致良知之功尚未了彻也。致良知之功尚未了彻也，适足以为勿忘、勿助之累而已矣。若此者，皆是就文义上解释牵附，以求混融凑泊，而不曾就自己实功夫上体验，是以论之愈精，而去之愈远。

文蔚之论，其于"大本达道"既已沛然无疑，至于致知、穷理及忘助等说，时亦有挽和兼搭处，却是区区所谓康庄大道之中，或时横斜迂曲者，到得功夫熟后，自将释然矣。

文蔚谓"致知之说，求之事亲、从兄之间，便觉有所持循"者，此段最见近来真切笃实之功。但以此自为不妨，自有得力处。以此遂为定说教人，却未免又有因药发病之忠，亦不可不一讲也。

盖良知只是一个天理。自然明觉发见处，只是一个真诚恻怛，便是他本体。故致此良知之真诚恻怛以事亲便是孝，致此良知之真诚恻怛以从兄便是弟，致此良知之真诚恻怛以事君便是忠，只是一个良知，一个真诚恻怛。若是从兄的良知不能致其真诚恻怛，即是事亲的良知不能致其真诚恻怛矣；事君的良知不能致其真诚恻怛，即是从兄的良知不能致其真诚恻怛矣。故致得事君的良知，便是致却从兄的良知。致得从兄的良知，便是致却事亲的良知。不是事君的良知不能致，却须又从事亲的良知上去扩充将来。如此，又是脱却本原，著在支节上求了。良知只是一个，随他发见流行处，当下具足，更无去来，不须假借。然其发见流行处，却自有轻重厚薄，毫发不容增减者，所谓天然自有之中也。虽则轻重厚薄，毫发不容增减，而原又只是一个。虽则只是一个，而其间轻重厚薄，又毫发不容增减。若可得增减，若须假借，即已非其真诚恻怛之本体矣。此良知之妙用所以无方体，无穷尽，"语大天下莫能载，语小天下莫能破"者也。

孟氏"尧舜之道，孝弟而已"者，是就人之良知发见得真切笃厚、不容蔽昧处提省人，使人于事君、处友、仁民、爱物、与凡动静语默间，皆只是致他那一念事亲从兄真诚恻怛的良知，即自然无不是道。盖天下之事，虽千变万化，至于不可穷诘。而但惟致此事亲从兄一念真诚恻怛之良知以应之，则更无有遗缺渗漏者，正谓其只有此一个良知故也是。事亲从兄一念良知之外，更无有良知可致得者。故曰："尧舜之道，孝弟而已矣。"此所以为"惟精惟一"之学，放之四海而皆准，施诸后世而无朝夕者也。

文蔚云："欲于事亲从兄之间，而求所谓良知之学。"就自己用功得力处如此说，亦无不可。若曰致其良知之真诚恻怛以求尽夫事亲从兄之道焉，亦无不可也。明道云："行仁自孝弟始。孝弟是仁之一事，谓之行仁之本则可，谓是仁之本则不可。"其说是矣。

"臆"、"逆"、"先觉"之说，文蔚谓"诚则旁行曲防，皆良知之用"。甚善甚善。间有挽搭处，则前已言之矣。惟浚之言，亦未为不是。在文蔚须有取于惟浚之言而后尽，在惟浚又须有取于文蔚之言而后明。不然，则亦未免各有倚著之病也。舜察迩言而询刍尧，非是以迩言当察，刍荛当询，而后如此。乃良知之发见流行，光明圆莹，更无挂碍遮隔处，此所以谓之大知。才有执著意必，其知便小矣。讲学中自有去取分辨，然就心地上着实用功夫，却须如此方是。

"尽心"三节，区区曾有生知、学知、困知之说。颇已明白，无可疑者。盖尽心、知性、知天者，不必说存心、养性、事天，不必说"夭寿不二、修身以俟"。而存心、养性与"修身以俟"之功已在其中矣。存心、养性、事天者，虽未到得尽心、知天的地位，然已是在那里做个求到尽心、知天的功夫，更不必说"夭寿不二、修身以俟"之功已在其中矣。

譬之行路，尽心、知天者，如年力壮健之人，既能奔走往来于数千里之间者也。存心、事天者，如童稚之年，使之学习步趋于庭除之间者也。"夭寿不二、修身以俟"者，如襁褓之孩，方使之扶墙傍壁，而渐学起立移步者也。既已能奔走往来于千里之间者，则不必更使之于庭除之间而学步趋，而步趋于庭除之间，自无弗能矣。既已能步趋于庭除之间，则不必更使之扶墙傍壁而学起立移步，而起立移步自无弗能矣。然学起立移步，便是学步趋庭除之始，学步趋庭除，便是学奔走往来于数千里之基，固非有二事，但其功夫之难易，则相去悬绝矣。

心也，性也，天也，一也。故及其知之成功则一。然而三者人品力量，自有阶级，不可躐等而能也。细观文蔚之论，其意以恐尽心、知天者，废却存心、修身之功，而反为尽心、知天之病。是盖为圣人忧功夫之或间断，而不知为自己忧功夫之未真切也。吾侪用工，却须专心致志，在"夭寿不二、修身以俟"上做，只此便是做尽心、知天功夫始。正如学期起立移步，便是学奔走千里之始。吾方自虑其不能起立移步，而岂遽其不能奔走千里，又况为奔走千里者而虑其或遗忘于起立移步之习哉？

文蔚识见本自超绝迈往，而所论云然者，亦是未能脱去旧时解说文义之习，是为此三段书分疏比合，以求融合贯通，而自添许多意见缠绕，反使用功不专一也。近时悬空去做勿忘勿助者，其意见正有此病，最能耽误人，不可不涤除耳。

所谓"尊德性而道问学"一节，至当归一，更无可疑。此便是文蔚曾著实用功，然后能为此言。此本不是险僻难见的道理，人或意见不同者，还是良知尚有纤翳潜伏。若除去此纤翳，即自无不洞然矣。

已作书后，移卧檐间，偶遇无事，遂复答此。文蔚之学既已得其大者，此等处当自释然自解，本不必屑屑如此分疏。但承相爱之厚，千里差人远及，谆谆下问，而竟虚来意，又自不能已于言也。然直戆烦缕已甚，恃在信爱，当不为罪。惟浚处及谦之、崇一处，各得转录一通寄视之，尤承一体之好也。

右南大吉灵录。

译文

来信已收到，看到你近来学问骤进，欣慰之情不可言表。你的信我仔细读了好几遍，其中虽然有一两处理解不透彻的地方，那是因为致良知的功夫还不纯熟，等到真正纯熟了自然就没有这样的情况了。就好比驾车，既已走上康庄大道，那么中间偶尔也会出现迂回曲折的情况，这是马性没调教好，缰绳没有勒齐的缘故，然而既然已经在康庄大道上了，就绝对不会再受骗误入歧途。近段时间，纵观海内的诸位同志，认识能达到你这般高度的还不多见，我的高兴用言语无法形容，真是圣道的幸运呢！

我本就有咳嗽、怕热的老病根儿，进入炎热的南方后，近来又严重复发。皇上圣明洞察，托付责任重大，不敢立即辞去。地方上的众多军务，均是带病处理的。现在幸亏是把叛乱平定了下来，已

少年读传习录

经上本朝廷请求退休回家养病，如果能得以在家乡消暑养病，或许病会慢慢好起来。现在我即将回家，趴在枕头上给你回信，草草数语难以表达我的倾慕和企盼之情。另外，给唯浚（陈九川）的信请你转交给他。

现就你来信所问的问题，草草答复一二：

近年来到山中讲学的人，往往会说勿忘勿助的功夫很难。我问难在哪儿，他们说稍有意念就是助，稍有不用心就是忘，所以觉得这功夫很难。我就问："忘是忘了什么？助是助的什么？"他们都默不作声、无言以对，便开始向我询问。我仅就他们所问对他们说，

我这里讲学，只说"必有事焉"，不说"勿忘勿助"。"必有事焉"是指时时刻刻要去"集义"。如果时刻去做"必有事焉"的功夫，间或有中断，这就是"忘"，那么就必须"勿忘"；如果时时刻刻去下"必有事焉"的功夫，而有时想快速见效，这就是助了，那么就必须"勿助"。所以，集义的功夫全在一个"必有事焉"上用；"勿忘勿助"只是提醒的话儿罢了。如果集义的功夫一直未曾间断，则不必再说"勿忘"了；如果原本不求速效，那么就不必再说"勿助"了。是何等的明白简易、何等的洒脱自在！现今放着"必有事"的功夫不去做，却专一琢磨着"勿忘勿助"，这就像烧火煮饭，锅里还不曾添水下米，就去专心添柴烧火，不知道究竟

110

能够煮出来什么东西？我恐怕火候还没有调好，而锅已经先被烧破烧裂了。

最近那些专门在"勿忘勿助"上用功的人，他们犯的错误正是如此。每日里悬空去做个"勿忘"，又悬空去做个"勿助"，奔奔忙忙，完全找不到着实能下手的地方。最终也只是做个死守空寂的功夫，学成了一个痴呆愚钝的人，刚碰到一点难题，就心烦意乱，不能妥善应付，及时作处理。这些人也都是有志之士，无奈困于此纠结处，劳苦一生，耽搁一世，这都是错误的学术造成的，很是可怜啊。

"必有事焉"就是"集义"，"集义"就是致良知。说到集义时，或许一时还把握不住关键所在。但一说"致良知"当时就能明白下工夫的地方。所以我专门说致良知。随时在事情上致良知，就是"格物"；实实在在地去致良知，就是"诚意"；实实在在地致良知而没有丝毫的私心杂念就是"正心"。实实在在地致良知，那么就没有"忘"的毛病；没有丝毫的私心杂念，自然也就没有"助"的毛病。所以说格物、致知、诚意、正心，就不必再说个"勿忘勿助"了。孟子说"勿忘勿助"，乃是就告子的毛病所开的处方。告子强制人心的说法，就是犯了"助"的毛病，所以孟子专门讲"助"的危害。告子之所以犯"助"的错误，是因为他认为"义"在心之外，不明白义应在心里培养，在"必有事焉"上用功，所以才会如此。若时时从己心上去"集义"，那么良知的本体就会豁然开朗，人世间的是是非非自然就会纤毫毕现了，又怎么会有"不得于言，勿求于心；不得于心，勿求于气"的毛病呢？孟子的"集义""养气"的学说，固然对于后世学者有益，但他也只是看病开方，说了个大概意思，不像《大学》中格物、致知、诚意、正心的功夫，来得明白简易，上下贯通，千秋万代永无弊病。

圣贤讲学，多是因时因事制宜，他们所说的好像各不相同，但他们的宗旨都是一样的。这是因为天地之间，原本只有这个性，只有这个天理，只有这个良知，只有这件事。所以凡是古人就学问上讲的功夫，就没有必要搀杂搭配，自然会吻合贯通。若认为需要搀杂搭配，那么就是因为自己的功夫还不够成熟。

最近有人认为"集义"的功夫，必须搀杂搭配个致良知的功夫才能完备，那么就是他的"集义"的功夫还不透彻。集义的功夫还不透彻，正好成了致良知的拖累。认为致良知的功夫必须搭配上一个"勿忘勿助"的功夫才能够明白，那么就是致良知的功夫尚没有透彻。致良知的功夫尚没有透彻，恰恰成了"勿忘勿助"的拖累。类似这样，都是因为文义上的解释牵强附会，以求融会凑合，而不曾让自己在真实的功夫上体验，因此论述得愈是精细，离圣道也愈加远矣。

你关于致良知的思路，在"大本达道"上已经没有什么问题了，至于"致知""穷理"和"勿忘勿助"等想法，还时不时有搀杂搭配的地方，这就是我所说的康庄大道中间的小小曲折处，等到你的功夫成熟后，这种情况自然就会消失得无影无踪了。

文蔚你认为"致知的学说，从孝敬父母、尊敬兄长上去寻求，便觉得有所遵循"，这最能反映你近来所下的真切笃实功夫。有这样的想法也无妨，也自有其道理，但如果从此把这当做定论去教别人，却不免犯了看药生病的毛病，所以我不能不说一说。

良知只是一个天理。自然明觉的显现处，唯有一个真诚恳切，这就是良知本体。所以致良知的真诚恳切用在侍奉父母上就是孝，用在尊敬兄长上就是悌，用在辅佐君王上就是忠。这里只有一个良知，一个真诚恳切。如果尊敬兄长的良知不能达至真诚恳切，那么侍奉双亲的良知也不能达至真诚恳切；服侍君主的良知不能达至真诚恳切，那么就是尊敬兄长的良知不能达至真诚恳切。所以能致辅佐君王的良知，就是能致尊敬兄长的良知；能致尊敬兄长的良知，就是能致侍奉父母的良知。不是说辅佐君王的良知不能致，却需要从侍奉双亲的良知上扩充开来。这样做，又是脱离了致良知的本原，着力点放在了枝节上去了。良知只有一个，随着它的呈现和流传，自然完备充足，没有来去，不需要向外假借。可是，良知呈现流传的地方，却有轻重厚薄之分，且丝毫不能增减，也就是所谓的"天然自有之中"。虽有轻重厚薄之分，且丝毫不能增减，但良知原本只有一个。虽然良知只有一个，但中间的厚薄轻重又丝毫不能增减。如果能够增减，如果必须向外假借，就已经不是真诚恳切的良知本体了。这就是良知的妙用之所以无形无体，无穷无尽，"语大天下莫能载，语小天下莫能破"的原因。

孟子所说"尧舜之道，孝弟而已矣"的话，是就人的良知显现发挥的最真切笃实、不被蒙蔽的地方提醒人，让人在辅佐君主、结交朋友、仁爱百姓、喜爱事物和动静语默中，都只是致他那一念侍奉父母、尊敬兄长的真诚恳切的良知，那么就自然处处是圣道了。天下之事，虽千变万化，不可穷竭，但只要用致侍奉父母、尊敬兄长的真诚恳切的良知去应对，就不存在疏漏的问题，这也就是只有一个良知的缘故。侍奉父母、尊敬兄长的良知之外，再也没有别的良知可以致了，因此孟子说"尧舜之道，孝弟而已矣"乃是"唯精唯一"的学说，放之四海而皆准，施诸后世而无朝夕。

文蔚你说："想从事亲、从兄之间，参透良知的学问。"就从自己用功得力这方面来说，也没有什么不可以的。如果说获得良知的真诚恳切以求尽事亲、从兄之道，也不是不可以。程颐先生说："施行仁义从孝悌开始，孝悌只是仁义中的一件事情，说它是行仁政之本是可以的，说他是仁爱之本则就不行了。"他的说法很正确。

孔子关于"不臆不信""不逆诈""先觉"等论断，您认为"只要内心真诚，即使是旁门左道、迂曲防御也都是良知的运用"。这种观点很正确，偶尔有挣杂搭配处，前面已经说过了。唯浚（陈九川）的看法也不能算错。在文蔚你这里，需要采纳唯浚的观点才能够全面详尽；而在唯浚那里来说，又必须采纳你的观点之后才能清楚明白。不然，你们不免会各有偏颇。舜体察浅近的话并向打柴的人请教，这并非浅近的话应当去思考，而是舜认为当向樵夫请教，所以他才这样做。这正是舜的良知显现作用，光明圆润透彻，没有任何障碍蒙蔽。这就是所谓的大智。如果自己执意孤行，他的智就变小了。讲学中自然会有取舍和分辨，然而要在心地上扎实用功，却必须这样做才行。

关于"尽心"等三个方面（参见《徐爱录》有关内容），我曾用生而知之、学而知之、困而知之来解说，已经明白无疑了。尽心、知性、知天的人，就没有必要再说存心、养性、事天了，也没有必要说"夭寿不二，修身以俟"。而存心、养性与"修身以俟"的功夫已经包含在其中了。存心、养性、事天的人，虽然还没到尽心、知天的地步，但已经下了尽心、知天的工夫，因此也更没必要再说"夭寿不二、修身以俟"，因为"夭寿不二，修身以俟"的功夫已在存心、养性、事天之中了。

比如说走路，尽心、知天的人，就好比年轻力壮的人，有能力千里驰驱；存心、事天的人，就好比儿童，仅能在院子中学习走路；"夭寿不二，修身以俟"的人，就好比是襁褓中的婴儿，只能做到扶墙站立，开始学习迈步。既然已经能千里驰驱，就不必再在庭院中学习走路了，因为在庭院中走路自然没问题；既然已经能在庭院中学习走路，就没必要学习扶墙站立，学习迈步，站立迈步这点事儿对他来说还算事儿么？但也要知道，学站立迈步是在庭院里学习走路的开始；在庭院里学习走路，是千里驰驱的基础。这些都不是毫不搭界的两件事，只是功夫的难易程度相差悬殊罢了。

心、性、天，三者本质上是一样的。所以等到这三种人都能知晓、成功行道了，那么结果是相同的。但是，这三种人的人品、才智是有等级差别的，不能超越等级而行动。我仔细思考你的观点，你的意思是担心尽心、知天的人，会因摒弃了存心、修身的功夫，相反会对尽心、知天有所损害。这是担心圣人的功夫会有间断，却不知担心自己的功夫尚不真切。我们这类人用功，一定要专心致志地在"夭寿不二，修身以俟"上用功，只有这样才是下尽心、知天的功夫的开始。正如学习站立迈步是驰驱潜力的开始和基础一样。我才考虑他能不能站立迈步，又怎么会担心不能千里驰驱呢？又何必去为千里驰驱的人担忧忘了站立迈步呢？

你文蔚的见识原本就超凡脱俗，而从你所说的话来看，也还是没有摆脱以前人们解说文章的习气，所以你才把知天、事天、夭寿不二分作三部分，进行分析、综合、比较，以求融会贯通，自添了许多讲说不通的缠绕，反倒使自己用功不专了。近来，那些凭空去做勿忘勿助的人，他们的观点正是犯了这个毛病，这可是最耽误人的，不能不彻底涤除干净。

你谈到"尊德性而道问学"这段，认为其间是恰当统一的，再无可疑之处。这是你踏实用功之后才能说出来的话。这本不是什么生僻难懂的道理，有的人之所以有不同意见，还是因为他们的良知中有纤尘潜伏。如果除去这些纤尘，那么自然没有不豁然开朗的。

写完回信后，我让人把我移到屋檐下，在这里躺着恰好没别的事，就又写了几句。你的学问已将关键问题抓住了，所提问题等到时间长了自然会弄明白的，本来我没有必要解释得如此之细。但承蒙你的厚爱，不远千里差人远来，殷殷下问，为了不辜负你的一片心意，我不得不说。然而我太愚直琐碎，依仗你对我的厚爱，应该不会怪罪我吧。我这一封信请转录几份，分别寄给唯浚（陈九川）还有谦之（邹守益）、崇一（欧阳德）等人，尤承一体之好。

以上南大吉所录。

古代的教育，是向学生教授人伦。到了后世，对词章的记诵逐渐兴起，于是先王的教化就一点点消亡了。当今教育儿童，只应当以孝、弟、忠、信、礼、义、廉、耻作为专门的内容。其教育培养的方法，则应该用歌诗诱导出他们的意念心志，通过练习礼仪以引导他们仪容严肃庄重，通过读书以熏陶他们启发知觉。但是今人却往往认为歌诗、习礼是不切实际的事情，这些都是低下庸俗并且浅薄的见解，哪能知道古人设立教化的意义呢？大致说来，儿童天性，就是喜欢嬉戏游玩，害怕约束管制，就如同草木开始萌生嫩芽，让其舒畅生长才会枝叶、条理通达，摧残阻挠便会衰败枯萎。当今教育儿童一定要使其受到因势利导的鼓舞，符合心中对喜悦的追求，这样就会不由自主地进步。譬如春风雨露应时而到，花木得到滋润以后，就没有不萌动生发的，也就自然会日复一日、月复一月不停地生长。如果被冰霜剥落，就会生机萧索，日渐枯萎了。所以但凡使用歌诗诱导，不单单是为了使他们的心志意念萌发，也是通过歌咏呼喊跳跃，用音乐宣泄出他们心中的忧闷抑郁。练习礼

仪，并不是单单引导他们仪容严肃庄严，也是通过周旋揖让使血脉活动，用拜起屈伸使他们强健筋骨。通过读书来熏陶，也不单单是使他们知觉开启，也是通过反复沉潜来存养他们的内心，用抑扬顿挫地吟诵来宣示自己的心志。凡是这些方式，都能引导通顺他们的心志意念，调理他们的性情，潜移默化地消除他们狭隘偏执的气质，渐渐地去除他们顽劣的品性。一天天地使他们习惯于礼义而并不感到痛苦，人

逐渐进入"中和"的状态中却并不知道是为什么，这就是先王设立教化的微妙意义。至于近代教育儿童的人，每天只是监督他们练习标点断句和模仿课业，只会苛刻地约束他们，却不知道用礼义加以引导，只希望他们聪明伶俐却不知道教授他们存养善心，这种鞭挞约束的方式，就像对待囚徒一样。儿童们视学校如同监狱一样不愿进入，看待师长如同看到仇敌一样不想看到，窥视师长，遮掩躲避，只为了嬉戏游玩，弄虚作假、矫饰行为，并且更加顽劣粗鄙、虚假浅薄、平庸低劣，就这样一天天的变得下流。这简直就是驱使他们从恶，这时再想让他们从善，怎么可能啊？我之所以讲究教学方法，用意正在这，只是害怕世俗之人一时间不明白，将我视为迂腐，而且我就要走了，所以专门叮嘱你们。希望你们这些主管教育的，能体察到我的心意，永远遵守，不要因为世俗中一时的流言蜚语便停下，或更改或者废止了这些规矩。尽力实现"蒙以养正"的功业，切记切记！

教 约

原文

每日清晨，诸生参揖毕，教读以次遍询诸生：在家所以爱亲敬长之心，得无懈忽未能真切否？温凊定省之仪，得无亏缺未能实践否？往来街衢步趋礼节，得无放荡未能谨饬否？一应言行心术，得无欺妄非僻未能忠信笃敬否？诸童子务要各以实对，有则改之，无则加勉。教读复随时就事，曲加诲谕开发，然后各退就席肄业。

凡歌诗，须要整容定气，清朗其声音，均审其节调，毋躁而急，毋荡而嚣，毋馁而慑。久则精神宣畅，心气和平矣。每学量童生多寡分为四班。每日轮一班歌诗，其余皆就席敛容肃听。每五日则总四班递歌于本学。每朔望集各学会歌于书院。

凡习礼需要澄心肃虑，审其仪节，度其容止，毋忽而惰，毋沮而作，毋径而野，从容而不失之迂缓，修谨而不失之拘局。久则礼貌习熟，德性坚定矣。童生班次皆如歌诗。每间一日则轮一班习礼，其余皆就席敛容肃观。习礼之日，免其课仿。每十日则总四班递习于本学，每朔望则集各学会习于书院。

凡授书不在徒多，但贵精熟。量其资禀，能二百字者止可授以一百字，常使精神力量有余，则无厌苦之患，而有自得之美。讽诵之际，务令专心一志，口诵心惟，字字句句，纳绎反复。抑扬其音节，宽虚其心意。久则义礼浃洽，聪明日开矣。

每日功夫，先考德，次背书诵书，次习礼或作课仿，次复诵书讲书，次歌诗。凡习礼歌诗之数，皆所以常存童子之心，使其乐习不倦，而无暇及于邪僻。教者如此，则知所施矣。虽然，此其大略也。"神而明之，则存乎其人。"

译 文

每天清晨，学生们参拜拱手以后，教师就要依次询问每个学生：在家中尊爱亲敬长辈的心，有没因懈怠疏忽而不真切了？温习定省的礼仪，是否没有缺陷地亲身实践过了？在大街上行走往来行礼，是否放荡而没能保持谨慎？所有的言行想法是否包含欺妄邪僻而不能保持忠信笃敬了呢？所有的童子务必实话实说，有则改之，无则加勉。教师还应该随时就具体的事情，加以委婉地教导和启发，然后就让学生各自退回到座位上学习。

凡是唱歌咏诗的时候一定要仪容端正、气息平定，声音保持清朗，节拍保持均匀，不可以急躁，也不能大喊大叫，不气馁也不怯懦。时间久了就会精神舒畅，心气平和了。每个学校按照童生的多少分成四个班。轮流唱诵，每天一个班，其余的班都要收敛仪容认真聆听。每隔五天就让四个班一起在学校里唱诵诗歌。每月初和月中都要在书院中把各个学校集中起来组织联唱。

凡是练习礼仪都需要内心澄净，思虑严肃，礼节审慎，揣度仪容，不疏忽也不懒散，不沮丧也不惭愧，不随意也不粗野，从容却不失迟缓，矜持谨慎也不失于拘谨。时间长了礼貌就会越练习越熟练，道德品性也会越来越坚定。童生的班次都要像歌咏诗歌那样。每隔一天就轮到一个班练习礼仪，其余的班都要收敛仪容认真聆听。练习礼仪当天，免除他们的课业练习。每十天就要集中四个班在学校里演习一次礼仪。每月初和月中都要在书院中把各个学校组织起来集中学习。

凡授书不在于数量多，而贵在精熟。要根据学生的资质禀赋因材施教，能掌握二百字的人只能教给他一百字，要经常使他们的精神力量保持旺盛，这样就不会有产生厌倦进而感到痛苦的隐患了，并且还会产生有所得的良好感觉。在诵读的时候，一定要让他们专心致志，嘴里在诵读，心中还要随着思考，逐字逐句细致地反复琢磨。诵读时，音节要抑扬顿挫，心意要宽松谦虚。时间久了，就自然会达到道义和礼仪融洽和谐的境界，聪明也就与日俱增了。

每天所下的功夫，首先考察品德，其次是背诵书籍，接着是练习礼仪或者课业，然后还是背书讲书，最后是歌咏诗歌。凡是练习礼仪、歌咏诗歌一类，都为了保存一颗童子之心，让他们不知疲倦地乐于学习，于是就无暇去接触邪僻。教师如果懂得这些，就会知道具体怎样实施。尽管这样，这些也都只是一个大概。就像《易经》里面说的："神而明之，则存乎其人。"

陈九川录

原文

正德乙亥，九川初见先生于龙江，先生与甘泉先生论格物之说。甘泉持旧说。先生曰："是求之于外了。"甘泉曰："若以格物理为外，是自小其心也。"九川甚喜旧说之是。先生又论《尽心》一章，九川一闻，却遂无疑。

后家居，复以格物遗质。先生答云："但能实地用功，久当自释。"山间乃自录《大学》旧本读之，觉朱子格物之说非是。然亦疑先生以意之所在为物，物字未明。

己卯，归自京师，再见先生于洪都。先生兵务倥偬，乘隙讲授，首问近年用功何如？

九川曰："近年体验得'明明德'功夫只是'诚意'。自'明明德于天下'，步步推入根源，到'诚意'上再去不得，如何以前又有格致功夫？后又体验，觉得意之诚伪，必先知觉乃可，以颜子有'不善未尝不知，知之未尝复行'为证，豁然若无疑。却又多了格物功夫。又思来，吾心之灵，何有不知意之善恶？只是物欲蔽了。

须格去物欲，始能如颜子未尝不知耳。又自疑功夫颠倒，与'诚意'不成片段。后问希颜。希颜曰：'先生谓格物致知是诚意功夫，极好。'九川曰：'如何是诚意功夫？'希颜令再思体看，九川终不悟，请问。"

先生曰："惜哉！此可一言而悟！惟浚所举颜子事便是了，只要知身、心、意、知、物是一件。"

九川疑曰："物在外，如何与身、心、意、知是一件？"

先生曰："耳、目、口、鼻、四肢，身也，非心安能视、听、言、动？心欲视、听、言、动，无耳、目、口、鼻、四肢亦不能，故无心则无身，无身则无心。但指其充塞处言之谓之身，指其主宰处言之谓之心，指心之发动处谓之意，指意之灵明处谓之知，指意之涉着处谓之物，只是一件。意未有悬空的，必着事物。故欲诚意则随意所在某事而格之，去其人欲而归于天理，则良知之在此事者，无蔽而得致矣。此便是诚意的功夫。"

九川乃释然，破数年之疑。又问："甘泉近亦信用《大学》古本，谓格物犹言造道。又谓穷理如穷其巢穴之穷，以身至之也。故格物亦只是随处体认天理，似与先生之说渐同。"

先生曰："甘泉用功，所以转得来。当时与说'亲民'字不须改，他亦不信，今论'格物'亦近，但不须换'物'字作'理'字，只还他一'物'字便是。"

后有人问九川曰："今何不疑'物'字？"曰："《中庸》曰'不诚无物'，程子曰'物来顺应'，又如'物各付物'、'胸中无物'之类，皆古人常用字也。"他日先生亦云然。

九川问："近年因厌泛滥之学，每要静坐，求屏息念虑，非惟不能，愈觉扰扰，如何？"

先生曰："念如何可息？只是要正。"

曰："当自有无念时否？"

先生曰："实无无念时。"

曰："如此却如何言静？"

曰："静未尝不动，动未尝不静。戒谨恐惧即是念，何分动静？"

曰："周子何以言'定之以中正仁义而主静'？"

曰："无欲故静，是'静亦定，动亦定'的'定'字，主其本体也。戒惧之念是活泼泼地。此是天机不息处，所谓'维天之命，于穆不已'，一息便是死。非本体之念，即是私念。"

又问："用功收心时，有声有色在前，如常闻见，恐不是专一。"

曰："如何欲不闻见？除是槁木死灰，耳聋目盲则可。只是虽闻见而不流去便是。"

曰："昔有人静坐，其子隔壁读书，不知其勤惰，程子称其甚敬。何如？"

曰："伊川恐亦是讥他。"

又问："静坐用功，颇觉此心收敛，遇事又断了。旋起个念头，去事上省察。事过又寻旧功，还觉有内外，打不作一片。"

先生曰："此格物之说未透。心何尝有内外？即如惟浚，今在此讲论，又岂有一心在内照管？这听讲说时专敬，即是那静坐时心，功夫一贯，何须更起念头？人须在事上磨炼做功夫，乃有益。若只好静，遇事便乱，终无长进。那静时功夫亦差，似收敛而实放溺也。"

后在洪都，复与于中、国裳论内外之说。渠皆云："物自有内外，但要内外并着功夫，不可有间耳！"以质先生。

曰："功夫不离本体；本体原无内外。只为后来做功夫的分了内外，失其本体了。如今正要讲明功夫不要有内外，乃是本体功夫。"是日俱有省。

又问："陆子之学何如？"

先生曰："濂溪、明道之后，还是象山，只是粗些。"

九川曰："看他论学，篇篇说出骨髓，句句似针膏肓，却不见他粗。"

先生曰："然。他心上用过功夫，与揣摹依仿，求之文义，自不同。但细看有粗处。用功久，当见之。"

庚辰往虔州，再见先生，问："近来功夫虽若稍知头脑，然难寻个稳当快乐处。"

先生曰："尔却去心上寻个天理，此正所谓理障。此间有个诀窍。"

曰："请问如何？"

曰："只是致知。"

曰："如何致知？"

曰："尔那一点良知，是尔自家的准则。尔意念着处，他是便知是，非便知非，更瞒他一些不得。尔只不要欺他，实实落落依着他做去，善便存，恶便去。他这里何等稳当快乐。此便是格物的真诀，致知的实功。若不靠着这些真机，如何去格物？我亦近年体贴出来如此分明，初犹疑只依他恐有不足，精细看无些小欠阙。"

在虔，与于中、谦之同侍。先生曰："人胸中各有个圣人，只自信不及，都自埋倒了。"因顾于中曰："尔胸中原是圣人。"

于中起不敢当。

先生曰："此是尔自家有的，如何要推？"

于中又曰："不敢。"

先生曰："众人皆有之，况在于中，却何故谦起来？谦亦不得。"

于中乃笑受。

又论："良知在人，随你如何，不能泯灭，虽盗贼亦自知不当为盗，唤他作贼，他还忸怩。"

于中曰："只是物欲遮蔽，良心在内，自不会失；如云自蔽日，日何尝失了！"

先生曰："于中如此聪明，他人见不及此。"

先生曰："这些子看得透彻，随他千言万语，是非诚伪，到前便明。合得的便是，合不得的便非。如佛家说心印相似，真是个试金石、指南针。"

先生曰："人若知这良知决窍，随他多少邪思枉念，这里一觉，都自消融。真个是灵丹一粒，点铁成金。"

崇一曰："先生致知之旨，发尽精蕴，看来这里再去不得。"

先生曰："何言之易也？再用功半年胥如何？又用功一年看如何？功夫愈久，愈觉不同，此难口说。"

先生问九川："于'致知'之说体验如何？"

九川曰："自觉不同。往时操持常不得个恰好处，此乃是恰好处。"先生曰："可知是体来与听讲不同。我初与讲时，知尔只是忽易，未有滋味。只这个要妙，再体到深处，日见不同，是无穷尽的。"

又曰："此'致知'二字，真是个千古圣传之秘，见到这里，百世以俟圣人而不惑！"

九川问曰："伊川说到'体用一原，显微无间'处，门人已说是泄天机。先生致知之说，莫亦泄天机太甚否？"

先生曰："圣人已指以示人，

只为后人掩匿，我发明耳，何故说泄？此是人人自有的，觉来甚不打紧一般。然与不用实功人说，亦甚轻忽可惜，彼此无益。与实用功而不得其要者提撕之，甚沛然得力。"

又曰："知来本无知，觉来本无觉，然不知则遂沦埋。"

先生曰："大凡朋友，须箴规指摘处少，诱掖奖劝意多，方是。"后又戒九川云："与朋友论学，须委曲谦下，宽以居之。"

九川卧病虔州。先生云："病物亦难格，觉得如何？"

对曰："功夫甚难。"

先生曰："常快活便是功夫。"

九川问："自省念虑，或涉邪妄，或预料理天下事，思到极处，井井有味，便缱绻难屏。觉得早则易，觉迟则难。用力克治，愈觉扞格。惟稍迁念他事，则随两忘。如此廓清，亦似无害。"

先生曰："何须如此！只要在良知上着功夫。"

九川曰："正谓那一时不知。"

先生曰："我这里自有功夫，何缘得他来？只为尔功夫断了，便蔽其知。既断了则继续旧功便是，何必如此。"

九川曰："真是难鏖，虽知丢他不去。"

先生曰："须是勇。用功久，自有勇。故曰'是集义所生者'，胜得容易，便是大贤。"

九川问："此功夫却于心上体验明白，只解书不通。"

先生曰："只要解心。心明白，书自然融会。若心上不通，只要书上文义通，却自生意见。"

有一属官，因久听讲先生之学，曰："此学甚好。只是薄书讼狱繁难，不得为学。"

先生闻之，曰："我何尝教尔离了薄书讼狱，悬空去讲学？尔既有官司之事，便从官司的事上为学，才是真格物。如问一词讼，不可因其应对无状，起个怒心；不可因他言语圆转，生个喜心；不可恶其嘱托，加意治之；不可因其请求，屈意从之；不可因自己事务烦冗，随意苟且断之；不可因旁人谮毁罗织，随人意思处之。这许多意思皆私，只尔自知，须精细省察克治，惟恐此心有一毫偏倚，杜人是非，这便是格物致知。薄书讼狱之间，无非实学。若离了事物为学，却是著空。"

虔州将归，有诗别先生云："良知何事系多闻，妙合当时已种根，好恶从之为圣学，将迎无处是乾元。"

先生曰："若未来讲此学，不知说'好恶从之'从个甚么？"敷英在座，曰："诚然。尝读先生《大学古本序》，不知所说何事。及来听讲许时，乃稍知大意。"

于中、国裳辈同侍食。先生曰："凡饮食只是要养我身，食了要消化。若徒蓄积在肚里，便成痞了，如何长得肌肤？后世学者博闻多识，留滞胸中，皆伤食之病也。"

先生曰：圣人亦是'学知'，众人亦是'生知'。"

问曰：何知？"

曰："这良知人人皆有，圣人只是保全，无些障蔽，兢兢业业，矗矗翼翼，自然不息，便也是学。只是生的分数多，所以谓之'生知安行'。众人自孩提之童，莫不完具此知，只是障敝多，然本体之知自难泯息，虽问学克治也只凭他。只是学的分数多，所以谓之'学知利行'。"

译 文

正德十年（1515年），九川（我）在龙江初次见到了阳明先生。当时先生正和甘泉（湛若水）先生谈论"格物"的学说，甘泉先生坚持朱熹的观点。先生说："这是求之于外了。"甘泉先生说："如果说格物的道理是求之于外，那就把自心看小了。"九川很赞成朱熹的说法。先生又谈到《孟子·尽心》章，九川听后，对先生的

"格物"的学说就不再怀疑了。

后来在家闲居，九川又以格物之说问先生，先生答："只要你能下真工夫，时间长了自然就明白了。"在山中静养时九川抄录了《大学》旧本来读，于是，觉得朱熹的格物学说不太正确。但也怀疑先生认为意念所指即为物的说法，这个"物"字还是没弄明白。

正德十四年，九川从京城回来，在南昌再次见到先生。先生此时正忙于军务，只能趁着空闲时间给九川讲课。先生首先问："这几年用功用得怎么样？"

九川说："我这几年体会到'明明德'是要在'诚意'上着手下工夫。从'明明德于天下'，一步步往下推，到'诚意'上就再也推不下去了。为何'诚意'之前还有'格物''致知'的功夫？后来又仔细揣摩体会，觉得意的真诚与否，必须先有知觉才行，以颜回说的'有不善未尝不知，知之未尝复行'来验证，顿时觉得豁然开朗，好像是没什么疑惑了，但又多了一个'格物'的功夫。九川又考虑到，凭借我心的灵明又怎能不知道意的善恶呢？只是被私欲蒙蔽了而已，必须格除私欲，才能像颜回那样善恶尽知。九川又怀疑自己是不是把下工夫的次序给颠倒了，致使'格物'和'诚意'联系不起来。后来问了希颜，希颜说：'先生说格物致知是诚意的功夫，我认为极是。'九川又问：'为何是诚意功夫？'希颜让九川再仔细体察。九川终是不解，现在向先生请教。"

先生说："真可惜呀！这本来是一句话就能明白的，你所举的颜回的例子就可以说明问题了，只要明白身、心、意、知、物是一件事就行了。"

九川仍疑惑地问："物在心外，怎么能说与身、心、意、知是一件事呢？"

先生说："耳、目、口、鼻及四肢，都是人体的一部分，如果没有心，它们怎么能视、听、言、动呢？心想要视、听、言、动，没有耳、目、口、鼻、四肢，那也是不行的。因此讲，没有心就没有身，没有身也就没有心。只不过从它充塞空间上来说称为身，从它的主宰作用上来说称为心，从心的发动上来说称为意，从意的灵明上来说称为知，从意的涉外来说称为物，都是一回事。意是不能悬空的，必然要指向具体事物。所以，想要做到诚意，就可以随着意在某一件事上去'格'，去除掉私欲归于天理，那么良知在这件事上，就不会被蒙蔽而能够'致知'了。'诚意'的功夫正在这里。"

听了先生这番话，九川几年来的疑惑从此解除了。

九川又问："甘泉先生最近也相信《大学》旧本，认为'格物'就像求道，认为穷理的穷，就像穷其巢穴的穷，必须亲身到巢穴中去。因此格物也就是随处体认天理，这似乎同先生的主张逐渐接近了。"

先生说："甘泉还是很用功的，所以才能转回来。从前我对他说'亲民'不能改为'新民'，他还不信。现在他谈论的'格物'同我的观点也接近了，只是没有必要把'物'字改为'理'字，还依旧用'物'字比较好。"

后来有人问九川："你现在为何不怀疑'物'字呢？"

九川说："《中庸》中说'不诚无物'，程颢说'物来顺应'，还有'物各付物'、'胸中无物'等，从这些可以看出，'物'是前人常用的字。"后来有一天，先生也这样说。

九川问："近年来因为厌烦各家学说泛滥成灾，常常想独自静坐，以求摒弃思虑意念，非但做不到，却越发感觉纷扰不已，这是什么原因？"

先生说："思虑意念怎么能摒弃呢？只能让它归于纯正。"

九川问："念头是否有不存在的时候？"

先生说："的确没有无念之时。"

九川问："既然这样怎么能说'静'呢？"

先生说："静不等于不动，动也不等同于不静。戒慎恐惧就是念头，怎么能区分动静？"

九川说："周敦颐为什么又要说'定之以中正仁义而主静'呢？"

先生说："没有欲念自然会静，周敦颐说的'定'也就是程颢所说的'静亦定，动亦静'中的'定'，'主'就是指本体。戒慎恐惧的念头是活泼的，正体现了天机的流动不息。也就是《诗经》中所说的'维天之命，于穆不已'。一旦有所停息也就是死亡，不是本体的念头那就是私心杂念。"

九川又问："用功敛神收心时，如果有声、色出现，还像平常

那样听和看，恐怕这算不得是专一吧？"

先生说："怎么能做到充耳不闻、视而不见？除非是槁木死灰，或者是聋子、瞎子。虽然听见看见了，只要心却没跟着走也就行了。"

九川说："从前有人静坐，他儿子在隔壁朗朗读书，他却不知道儿子是勤奋还是懒惰。程颐赞扬他很能持敬。这又是为什么呢？"

先生说："程颐怕是在讽刺他。"

九川又问："静坐用功时，特别能感觉到自己的心正在收敛。可一旦遇到什么事情这种收敛却又被打断了，马上就起了个念头在具体事上省察，事过之后又去寻找旧的功夫。这样就总是觉得内外连不成一体。"

先生说："这是因为你对'格物'的理解还不够透彻。心哪里会有内外呢？比如说你现在和我在这儿讨论，难道还有另外一个心在里边照管着？这个专心听和说的心就是静坐时的心。功夫是贯通的，哪里需要又起一个念头？人必须通过具体事上的磨砺，对做学问才是有益的。如果只是一味好静，那么一旦遇到事就会乱了方寸和头绪，始终不会有长进。那种求静的功夫，表面看似乎有所收敛，其实是放任自流。"

后来在南昌时，九川又和于中、国裳讨论心内心外的说法，他们也认为格物应该分内外，只是要内外一起用功，不可有间隔而已。就这个问题，九川向先生请教。

先生说："功夫与本体不可分离，本体是不分内外的；只不过是后来世人做学问分出了个内外，于是就丧失了本体。现在正是要讲明功夫不要分内外，这个才是本体的功夫。"

这一天大家都有所省悟。

九川又问："陆九渊先生的学说该怎么评价？"

先生说:"周敦颐、程颢以后,还数陆九渊的学问了,只是稍显粗糙了。"

九川说:"看他的论学著作,每篇都能说出精髓,句句深入透彻,却看不出他粗糙的地方。"

先生说:"是这样的,他曾在心上下过工夫。这与只在义上揣测模仿、求个字面意思的自然不同,但仔细看就能发现他粗糙的地方,你用功时间长了,就应该能发现。"

庚辰年(1520年,正德十五年),前往虔州,再次见到先生,九川说:"最近,我做功夫虽然略微掌握些要领,但总是不能做到自信与快乐常伴心间。"

先生说:"你只是一味的在心上寻求天理,这就是所谓的'理障'。这里边有个诀窍。"

九川问:"请问是什么诀窍?"

先生说:"就是'致知'。"

九川问:"怎样致知呢?"

先生说:"你的那一点良知,就是你自己的行为准则。你的意念所到之处,正确的就明白正确,错误的就明白错误,不可能有丝毫的隐瞒。只要你不去欺骗良知,实实在在地遵循着良知去做,是善就存养,是恶就除去,这样是何等的自信快乐啊!这些就是'格物'的诀窍,'致知'的真功。如果不靠这样的真知,又怎么去'格物'呢?我也是近几年才领悟得如此清楚明白的,刚开始,我还犹豫依照本心恐怕还有不足之处,但经过仔细体悟,发现并没有一丝缺陷。"

在虔州的时候,我和于中、邹守益一块陪伴先生。先生说:"每个人内心里都藏着一个成为圣人的可能和愿望,只是因为不自信,就都被湮没了。"先生因此看着于中说:"你的胸中原本是有圣人的。"

131

于中赶紧站起来说："不敢当，不敢当！"

先生说："这是你自己本来就有的，为何要谦虚推辞呢？"

于中赶紧又说："不敢当，确实不敢当。"

先生说："每个人都有，更何况于中你呢？为什么要谦让呢？这是谦让不得的。"

于中于是就笑着接受了。

先生又说："良知自在人心，随你怎么变化都不会被泯灭，就算是盗贼，他也明白自己不应该去偷窃，你说他是贼，他也会羞愧不好意思的。"

于中说："那只是良知被物欲给蒙蔽了，良知依旧在人的心中，不会自己消失。这就如同乌云蔽日，而太阳并不会因此而真的消失。"

先生说："于中如此聪明，别人的见识是达不到这个高度的。"

先生说："人如果熟知这良知的诀窍，随便任何人说千道万，是非诚伪，到跟前就会一眼明辨。相符合的就正确，不相符的自然错。这和佛家所说的'心印'相似，是万试不爽的试金石、指南针。"

先生说："人如果深谙良知的诀窍，随便他有多少邪思枉念，只要被良知察觉，自然会被消除。就像灵丹妙药，可以点铁成金。"

欧阳崇一说："先生把致良知的宗旨阐发得淋漓尽致，看来想在这个问题上再讲是不可能了。"

先生说："怎能说这么容易？再下半年的功夫，看看会怎样？再下一年的功夫，看看又会怎样？用功愈久，愈会感到不一样，这里的奥妙是难以用语言来表达的。"

先生问："九川你对于致知的学说体验如何？"

九川说："自我感觉与以往不一样。以往应用起来时常不能恰到好处，现在用得熟了基本能做到恰到好处了。"

先生说："可见亲身体验的和听到的就是不一样。我当初给你讲的时候，知道你听得糊里糊涂的，没有真切体味到。从恰到好处再往深处体会，每天都有新的认识，这是没有止境的。"

先生又说："这'致知'两字，的确是千古圣贤相传的秘诀，懂得了这个道理，就能像《中庸》所说的那样'百世以俟圣人而不惑'。"

九川问："当程颐先生说到'体用一原，显微无间'时，他的弟子都说他泄露了天机。先生的致良知的学说，是不是也泄露了过多的天机。"

先生说："圣人早已把致良知的学说指示了世人，只是因为被后人隐匿了，我不过使它重新显露而已，何来泄露天机之说呢？良知是每个人天生就有的，虽觉察到，也觉得无关紧要。因而，我向没有切实用功的人说致知，只可惜他们也不屑一顾，对彼此都没有什么收益；我同踏实用功却不得要领的人谈致知，讲解清晰，他们则感到受益匪浅。"

先生又说："知道了才发现本来是不知道，觉察到了才发现本来是没觉察，但如果不知道，那么良知随时都会被沦落埋没。"

先生又说："大凡朋友间相处，彼此间应当批评指责少、开导鼓励多，如此才是正确的。"

随后先生又训诫九川说："和朋友一起探讨学问，应该谦虚谨慎，宽以待人。"

九川在虔州卧病在床。

先生说："疾病这个东西很难

格，你感觉呢？"

九川说："这个功夫确实很难。"

先生说："你只要经常能使自己快活起来，就是功夫。"

九川问："我反省自己的种种欲念和顾虑，有时涉及到邪心妄念，有时又想去治理天下大事。思考到深处时，也觉得津津有味，达到难分难舍的地步了。这种情况发觉得早还容易去掉，发觉晚了就难以除去。用心尽力加以克制，却觉得相互抵触、格格不入，只有掉转念头想点别的事，才能把这些忘掉。这样理清思虑，似乎也无妨害。"

先生说："何必如此，只要在致良知上下工夫就行了。"

九川说："我所讲的正是还不知道良知时的情况。"

先生说："我说的里面自有致良知的功夫，怎么会有不知道的这种现象呢？只是因为你的致良知功夫间断了，所以你的良知才会被蒙蔽。既然有间断，还接着原有的功夫继续下就是了，为何非要这样？"

九川说："那几乎是一场恶战，虽然明白了，仍是不能去掉。"

先生说："必须有勇气。用功久了，勇气自然就有了。因此孟子说'是集义所生者'。如果很容易就能取胜，那就是大贤人了。"

九川问："致良知的功夫只能在心里体验明白，光读书是读不通的吧。"

先生说："只需要在心上理解体会。心里明白了，书上的文句意思自然能融会贯通。如果心里不明白，只是通晓了书上的文句意思，还是会生出歧见的。"

有一位下属官员，常听先生讲学，他说："先生的学说的确很好，只是我日常工作太繁重，没时间跟他学习。"

先生听了对他说："我什么时候让你放弃日常工作悬空去研究学问了？你既然日常需要断案，就从断案的事上学习，这样才是真正的'格物'。譬如你审一个案子，不可因为原被告任何一方的发言礼数不周，就憎恶他；不能因为对方措辞婉转周密而高兴；不能因为厌恶他的请托，而故意整治他；不能因为对方哀求，而屈意宽容他；不能因为自己工作繁巨，而草率结案；不能因为旁人诋毁罗织，而按别人的意思去处理。以上讲的情况都是私心杂念，只有你自己知道，必须仔细反省体察克治，唯恐心中有丝毫偏倚而枉人是非，这就是格物致知。处理文件与审理案件，无不是实实在在的学问。如果离开了具体的事物悬空去做学问，反而是空谈不着边际。"

九川将要从虔州回家时，作了一首诗向先生告别："良知何事系多闻，妙合当时已种根。好恶从之为圣学，将迎无处是乾元。"

先生看后说："你若没来讲论良知，就不会理解'好恶从之'从的是什么。"

在座的敷英在旁边说："的确是这样。我曾经读了先生的《大学古本序》，不明白说的是什么。后来到这里听讲了一段时间，才稍微明白了大概意思。"

于中、国裳等人陪同先生就餐。

先生说："吃饭只是为了滋养我们的身体，吃了要能够消化。如果只是把食物积在肚子里，就会成为痞病，如何能滋养身体呢？后世的学者博学多识，把学问都滞留在胸中，都是患了吃而不消化的痞病。"

先生说："圣人也是学而知之，普通人也是生而知之。"

九川问："为何这样说？"

先生说："良知是人人天生都有的。圣人也不过是保全得好不被障蔽，兢兢业业，勤勤恳恳，良知自然会不停息，这也是学习。只是'生知'的成分比较多，所以称生知安行。普通人在还是孩子时也都完全具备良知，只是障蔽多了一些，可他的根本良知是不会泯灭的，即便求学克治，也只是依循良知。只是学知的成分多，所

黄以方录

原 文

黄以方问:"'博学于文',为随事学存此天理,然则谓'行有余力,则以学文',其说似不相合。"

先生曰:"《诗》、《书》、六艺皆是天理之发见,文字都包在其中。考之《诗》、《书》、六艺,皆所以学存此天理也。不特发见于事为者方为文耳。'余力学文',亦只'博学于文'中事。"

或问"学而不思"二句。曰:"此亦有为而言,其实思即学也。学有所疑,便须思之,思而不学者,盖有此等人,只悬空去思,要想出一个道理,却不在身心上实用其力,以学存此天理。思与学作两事做,故有'罔'与'殆'之病。其实思只是思其所学,原非两事也。"

先生曰:"先儒解'格物'为格天下之物,天下之物如何格得?且谓'一草一木亦皆有理',今如何去格?纵格得草木来,如何反来诚得自家意?我解'格'作'正'字义,'物'作'事'字义,《大学》之所谓'身',即耳、目、口、鼻、四肢是也。欲修身,便是要目非礼勿视,耳非礼勿听,口非礼勿言,四肢非礼勿动。要修这个身,身上如何用得功夫?心者身之主宰,目虽视而所以视者心也,耳虽听而所以听者心也,口与四肢虽言动而所以言动者心也。故欲修身在于体当自家心体,常令廓然太公,无有些子不正处。主宰一正,则发窍于目,自无非礼之视;发窍于耳,自无非礼之听;

发窍于口与四肢，自无非礼之言动。此便是修身在正其心。然至善者，心之本体也。心之本体，那有不善？如今要'正心'，本体上何处用得功？必就心之发动处才可着力也。心之发动不能无不善，故须就此处着力，便是在'诚意'。如一念发在好善上，便实实落落去好善；一念发在恶恶上，便实实落落去恶恶。意之所发，既无不诚，则其本体如何有不正的？故欲正其心在'诚意'。功夫到，'诚意'始有着落处。然'诚意'之本，又在于'致知'也。所谓'人虽不知，而已所独知'者，此正是吾心良知处。然知得善，却不依这个良知便做去，知得不善，却不依这个良知便不去做，则这个良知便遮蔽了，是不能致知也。吾心良知既不能扩充到底，则善虽知好，不能着实好了；恶虽知恶，不能着实恶了，如何得意诚？故'致知'者，意诚之本也。然亦不是悬空的'致知'，'致知'在实事上格。如意在于为善，便就这件事上去为；意在于去恶，便就这件事上去不为。去恶，固是格不正以归于正。为善，则不善正了，亦是格不正以归于正也。如此，则吾心良知无私欲蔽了，得以致其极，而意之所发，好善去恶，无有不诚矣！诚意功夫，实下手处在格物也。若如此格物，人人便做得，'人皆可以为尧舜'，正在此也。"

先生曰："众人只说格物要依晦翁，何曾把他的说去用？我着实曾用来。初年与钱友同论做圣贤要格天下之物，如今安得这等大的力量？因指亭前竹子，令去格看。钱子早夜去穷格竹子的道理，竭其心思，至于三日，便致劳神成疾。当初说他这是精力不足，某因自去穷格，早夜不得其理，到七日，亦以劳思致疾。遂相与叹圣贤是做不得的，无他大力量去格物了。及在夷中三年，颇见得此意思，乃知天下之物本无可格者。其格物之功，只在身心上做，决然以圣人为人人可到，便自有担当了。这里意思，却要说与诸公知道。"

门人有言邵端峰论童子不能格物，只教以洒扫应对之说。先生曰："洒扫应对就是一件物，童子良知只到此，便教去洒扫应对，就是致他这一点良知了。又如童子知畏先生长者，此亦是他良知处。故虽嬉戏中见了先生长者，便去作揖恭敬，是他能格物以致敬师长之良知了。童子自有童子的格物致知。"

又曰："我这里言格物，自童子以至圣人，皆是此等功夫。但圣人格物，便更熟得些子，不消费力。如此格物，虽卖柴人亦是做得，虽公卿大夫以至天子，皆是如此做。"

或疑知行不合一，以"知之匪艰"二句为问。先生曰："良知自知，原是容易的。只是不能致那良知，便是'知之匪艰，行之惟艰'。"

门人问曰："知行如何得合一？且如《中庸》，言'博学之'，又说个'笃行之'，分明知行是两件。"

先生曰："博学只是事事学存此天理，笃行只是学之不已之意。"

又问："《易》'学以聚之'，又言'仁以行之'，此是如何？"

先生曰："也是如此。事事去学存此天理，则此心更无放失时，故曰'学以聚之'。然常常学存此天理，更无私欲间断，此即是此心不息处，故曰'仁以行之'。"

又问："孔子言'知及之，仁不能守之'，知行却是两个了。"

先生曰："说'及之'已是行了，但不能常常行，已为私欲间断，便是'仁不能守'。"

又问："心即理之说，程子云'在物为理'，如何谓心即理？"

先生曰："'在物为理'，'在'字上当添一'心'字，此心在物则为理。如此心在事父则为孝，在事君则为忠之类。"

先生因谓之曰："诸君要识得我立言宗旨。我如今说个心即理是如何，只为世人分心与理为二，故便有许多病痛。如五伯攘夷狄，尊周室，都是一个私心，便不当理。人却说他做得当理，只心有未纯，往往悦慕其所为，要来外面做得好看，却与心全不相干。分心与理为二，其流至于伯道之伪而不自知。故我说个心即理，要使知心理是一个，便来心上做功夫，不去袭义于义，便是王道之真。此我立言宗旨。”

又问：“圣贤言语许多，如何却要打做一个？”

曰：“我不是要打做一个，如曰‘夫道，一而已矣’，又曰‘其为物不二，则其生物不测’。天地圣人皆是一个，如何二得？”

“心不是一块血肉，凡知觉处便是心，如耳目之知视听，手足之知痛痒，此知觉便是心也。”

以方问曰：“先生之说‘格物’，凡《中庸》之‘慎独’及‘集义’、‘博约’等说，皆为‘格物’之事？”

先生曰：“非也。‘格物’即‘慎独’，即‘戒惧’。至于‘集义’、‘博约’，功夫只一般，不是以那数件都做‘格物’底事。”

以方问‘尊德性’一条。先生曰：“‘道问学’即所以‘尊德性’也。晦翁言‘子静以尊德性诲人，某教人岂不是道问学处多了些子’，是分尊德性、道问学作两件。且如今讲习讨论，下许多功夫，无非只是存此心，不失其德性而已。岂有尊德性只空空去尊，更不去问学？问学只是空空去问学，更与德性无关涉？如此，则不知今之所以讲习讨论者，更学何事！"

问"致广大"二句。曰："'尽精微'即所以'致广大'也。'道中庸'即所以'极高明'也。盖心之本体自是广大底，人不能'尽精微'，则便为私欲所蔽，有不胜其小者矣。故能细微曲折，无所不尽，则私意不足以蔽之，自无许多障碍遮隔处，如何广大不致？"

又问："精微还是念虑之精微，是事理之精微？"

曰："念虑之精微即事理之精微也。"

先生曰："今之论性者纷纷异同，皆是说性，非见性也。见性者无异同之可言矣。"

问："声、色、货、利，恐良知亦不能无。"

先生曰："固然。但初学用功，却须扫除荡涤，勿使留积，则适然来遇始不为累，自然顺而应之。良知只在声、色、货、利上用功，能致得良知精精明明，毫发无蔽，则声、色、货、利之交，无非天则流行矣。"

先生曰："吾与诸公讲致知格物，日日是此，讲一二十年俱是如此诸君听吾言，实去用功，见吾讲一番，自觉长进一番。否则，只作一场话说虽听之亦何用？"

先生曰："人之本体常常是寂然不动的，常常是感而逐通的。未应不是先，已应不是后。"

一友举："佛家以手指显出，问曰：'众曾见否？'众曰：'见之。'复以手指入袖，问曰：'众还见否？'众曰：'不见。'佛说还未见性。此义未明。"

先生曰："手指有见有不见，尔之见性常在。人之心神只在有睹有闻上驰骛，不在不睹不闻上着实用功。盖不睹不闻是良知本体。戒慎恐惧是治良知的功夫。学者时时刻刻常睹其所不睹，常闻其所不闻，功夫方有个实落处。久久成熟后，则不须着力，不待防检，而真性自不息矣。岂以在外者之闻见为累哉！"

问："先儒谓'鸢飞鱼跃'，与'必有事焉'同一活泼泼地。"

先生曰："亦是。天地间活泼泼地，无非此理，便是吾良知的流行不息。致良知便是'必有事'的功夫。此理非惟不可离，实亦不得而离也。无往而非道，无往而非功夫。"

先生曰："诸公在此，务要立个必为圣人之心，时时刻刻须是一棒一条痕，一掴一掌血，方能听吾说话，句句得力。若茫茫荡荡度日，譬如一块死肉，打也不知得痛痒，恐终不济事。回家只寻得旧时伎俩而已，岂不惜哉！"

问："近来妄念也觉少，亦觉不曾着想定要如何用功，不知此是功夫否？"

先生曰："汝且去着实用功，便多这些着想也不妨，久久自会妥帖。若才下得些功，便说效验，何足为恃？"

一友自叹："私意萌时，分明白心知得，只是不能使他即去。"

先生曰："你萌时，这一知处便是你的命根。当下即去消磨，便是立命功夫。"

"夫子说'性相近'，即孟子说'性善'，不可专在气质上说。若说气质，如刚与柔对，如何相近得？惟性善则同耳。人生初时，善原是同的。但刚的习于善则为刚善，习于恶则为刚恶；柔的习于善则为柔善，习于恶则为柔恶，便日相远了。"

先生尝语学者曰："心体上看不得一念留滞，就如眼着不得些子尘沙。些子能得几多？满眼便昏天黑地了。"

又曰："这一念不但是私念，便好的念头亦着不得些子。如眼中放些金玉屑，眼亦开不得了。"

问："人心与物同体，如吾身原是血气流通的，所以谓之同体。若于人便异体了。禽兽草木益远矣，而何谓之同体？"

先生曰："你只在感应之几上看，岂但禽兽草木，虽天地也与我同体的，鬼神也与我同体的。"

请问。先生曰："你看这个天地中间，甚么是天地的心？"

对曰："尝闻人是天地的心。"

曰："人又甚么教做心？"

对曰："只是一个灵明。"

"可知充天塞地中间，只有这个灵明，人只为形体自间隔了。我的灵明，便是天地鬼神的主宰。天没有我的灵明，谁去仰他高？地没有我的灵明，谁去俯他深？鬼神没有我的灵明，谁去辨他吉凶灾祥？天地鬼神万物，离却我的灵明，便没有天地鬼神万物了。我的灵明离却天地鬼神万物，亦没有我的灵明。如此，便是一气流通的，如何与他间隔得？"

又问："天地鬼神万物，千古见在，何没了我的灵明，便俱无了？"

曰："今看死的人，他这些精灵游散了，他的天地万物尚在何处？"

先生起行征思、田，德洪与汝中追送严滩，汝中举佛家实相、幻相之说。先生曰："有心俱是实，无心俱是幻；无心俱是实，有心俱是幻。"

汝中曰："有心俱是实，无心俱是幻，是本体上说功夫。无心俱是实，有心俱是幻，是功夫上说本体。"

先生然其言。洪于是时尚未了达，数年用功，始信本体功夫合一。但先生是时因问偶谈，若吾儒指点人处，不必借此立言耳！

尝见先生送二三耆宿出门，退坐于中轩，若有忧色。德洪趋进请问。先生曰："顷与诸老论及此学，真圆凿方枘。此道坦如道路，世儒往往自加荒塞，终身陷荆棘之场而不悔，吾不知其何说也！"

德洪退，谓朋友曰："先生诲人，不择衰朽，仁人悯物之心也。"

先生曰："人生大病，只是一傲字。为子而傲必不孝，为臣而傲必不忠，为父而傲必不慈，为友而傲必不信。故象与丹朱俱不肖，亦只一傲字，便结果了此生。诸君常要体此人心本是天然之理，精精明明，无纤介染着，只是一无我而已。胸中切不可有，有即傲也。古先圣人许多好处，也只是无我而已。无我自能谦，谦者众善之基，傲者众恶之魁。"

又曰："此道至简至易的，亦至精至微的。孔子曰：'其如示诸掌乎！'且人于掌，何日不见？及至问他掌中多少文理，却便不知。即如我良知二字，一讲便明，谁不知得？若欲的见良知，却谁能见得？"

问曰："此知恐是无方体的，最难捉摸。"

先生曰："良知即是《易》，'其为道也屡迁，变动不居，周流六虚，上下无常，刚柔相易，不可为典要，惟变所适'。此知如何捉摸得？见得透时便是圣人。"

问："孔子曰：'回也，非助我者也。'是圣人果以相助望门弟子否？"

先生曰："亦是实话。此道本无穷尽，问难愈多，则精微愈显。

圣人之言，本自周遍，但有问难的人胸中窒碍，圣人被他一难，发挥得越加精神，若颜子闻一知十，胸中了然，如何得问难？故圣人小寂然不动，无所发挥，故曰'非助'。"

邹谦之尝语德洪曰："舒国裳曾持一张纸，请先生写'拱把之桐梓'一章。先生悬笔为书，到'至于身而不知所以养之者'，顾而笑曰：'国裳读书中过状元来，岂诚不知身之所以当养？还须诵此以求警？'一时在侍诸友皆惕然。"

译文

黄以方问：《论语》说'博学于文'主张随时随处学习存养天理，然而又说'行有余力，则以学文'，这两种说法好像不一致。"

先生说："《诗经》、《尚书》和六艺都是天理的表现，文字都包含在其中。考察《诗经》、《尚书》和六艺，都是为了学习存养天理，并非只有表现在事上的才是文。'余力学文'也只是'博学于文'中的事。"

有人问《论语》的"学而不思"两句。

先生说："这也是有针对而说的，其实思就是学。学习中有疑问，就需要思考。说'思而不学'，大概是有一种人，只凭空去想，想要得出个道理，却不在自身自心上下功夫，来学习存养天理。把思和学当成两件事做，所以有迷惘和懈怠的问题。其实思是思考所学的内容，原本不是两件事。"

先生说："前代儒者将格物理解为穷究天下万物之理，天下万物怎么能够穷尽？而且说'一草一木亦皆有理'，现在怎么去穷究？纵使能够穷究草木之理，又如何反究到自身达到诚意？我将'格'解释为'正'，'物'解释为'事'。《大学》中所说的身，就是耳、目、口、鼻、四肢。想要修身就是要眼睛非礼勿视，耳朵非礼勿听，嘴巴非礼勿言，四肢非礼勿动。要修这个身，要怎么在身上用功夫？心是身体的主宰，能看的虽然是眼睛，而让眼睛看到的是心；能听的虽然是耳朵，而让耳朵听到的是心；能说话和运动的虽然是嘴巴和四肢，而让嘴巴四肢说话运动的是心。所以要修身就要从自心上去体悟，使其保持廓然大公的状态，没有一丝不正的地方。主宰端正了，表现在眼睛上，就不会去违礼地去看；表现在耳朵上，就不会违礼地去听；表现在嘴巴和四肢上，就不会违礼地去说和动。这就是修身在于端正自心的道理。至善是心的本体，心的本体怎么会有不善？现在要正心，在本体上怎么下功夫？一定要在心的萌动处才能用上力。心的萌动不可能有不善，所以在这里用力，就是在诚意上用功。一个念头体现在喜好善行上，就踏踏实实去喜好善行；一个念头体现在厌恶恶行上，就踏踏实实去厌恶恶行。心意的萌发处，就没有不诚，那么本体怎么会不端正？所以想要正心在于诚意。功夫到了诚意这里，才有用力处。然而诚意的根本，又在于致知。所谓的'人虽不知而己所独知者'，正是我心中的良知所在。但是知道是善，却不依照良知去做；知道不善，却不依照良知不去做。那么这个良知就被遮蔽了，就无法做到致知。我心中的良知不能充分扩展，那么虽然知道要喜好善行，却不能落实喜好；虽然知道厌恶恶行，却不能落实厌恶，怎么能做到诚意？所以说致知是诚意的根本。但是也并非凭空致知，致知要在具体的事实上探究。比如说意在行善，就在这件事上去做；意在去恶，就在这件事上不去做。去恶当然就是格去不正而归于端正。行善，那么不善就被纠正了，也是格去不正而归于端正。如果喜好这样，那么我心中的良知就不会被私欲遮蔽，就能够达到极致，而心意所动，好善去恶，没有不诚之意，诚意功夫切实下手的地方在于格物。如果这样格物，人人都能做到，'人皆可以为尧舜'，就是这个道理。"

先生说:"众人都说格物要依照朱熹的说法去做,谁又能真照他的方法去做呢?我确实是曾经用过这种方法。早年间和钱姓友人一起谈论到做圣贤要格尽天下之物,但现在还哪里会有那样大的力量?于是指着亭前的竹子,让他去格。钱先生从早到晚都在穷究竹子的道理,殚精竭虑,到了第三大,就积劳成疾了。当初我认为他这是精力不足,于是我自己又去穷究,从早到晚也得不到其中道理。到了第七天,也积劳成疾病倒了。于是相互感叹圣贤是做不成的,没有那么大的力量去格物。等在贵州谪居了三年,对此颇有领悟,才知道天下之物本来就没有需要穷究的,格物的功夫,只要在自心上做。坚信人人都能做圣人,就自然会有所担当。这个道理,要和大家讲清楚。"

门人中有人说起邵端峰谈论过孩童不能格物,只能教他们洒水、扫地、应对的这一观点。

先生说:"洒水、扫地和应对,就是一件事。孩童的良知只到这个水平,就教给他们洒水、扫地、应对,这就是使他们在这一点上致良知了。又比如说孩童懂得敬畏师长,这也是他的良知。所以即使是在嬉戏中见到了师长,也要去恭敬地作揖,这是他格物到能敬师长的良知了。孩童自有孩子的格物致知。"

又说:"我在这里所说的格物,从孩童到圣人,都是这样的功夫。只是圣

人格物，更熟练一些，不需要费力。这样格物，即使是卖柴的樵夫也能做到，哪怕是公卿大夫甚至是天子，也都是这样做。"

有人怀疑知行不能合一，举出《尚书》"非知之艰，行之惟艰"两句询问。

先生说："良知自然能知，原本是容易的。只是不能致良知，所以才说'懂得道理并不困难，实际做起来就困难了'。"

门人问："知行怎样才能合一？像《中庸》说'博学之'，又说'笃行之'，分明是两件事。"

先生说："博学只是从万事中学习存养天理，笃行只是学习不止的意思。"

又问："《易经》说'学以聚之'，又说'仁以行之'，这又是为什么？"

先生说："也是这个道理。事事都要去学习存养天理，那么此心就没有闲暇去放纵，所以说'学以聚之'。时刻学习存养天理，就不会因私欲而间断，此心就不会停息，所以说'仁以行之'。"

又问"孔子说'知及之，仁不能守之'，这里的知行就是两件事了。"

先生说："说'及之'就已经是行。但是不能常行不断，为私欲所阻隔，就是'仁不能守'。"

又问："心即理这个观点，程颐说'在物为理'，为什么说心即理呢？"

先生说："'在物为理'，'在'字之前应当添上一个'心'字。心在物上就是理。如果心在奉养父亲上就是孝，在辅佐君主上就是忠，以此类推。"

先生接着又对他说："各位要明白我学说的宗旨。我现在说心即理，是因为世人将心和理看作两样，所以就出现了很多问题。比如春秋五霸征伐蛮夷，尊崇周王室，都是出于私心，就不合乎理。世人却认为他们做得合理。只是因为内心不纯，所以往往会羡慕其行为，表面上做得漂亮，却和内心完全不相关。将心和理一分为二，流于霸道的虚伪却不自知。所以我提出心即理，是要人们知道心和理是一个，只向自心上下功夫，不去外物上去因袭所谓的义，这就是王道的真谛。这就是我的学说的宗旨。"

又问："圣贤说了那么多，为什么却要合为一个？"

先生说："我不是要合成一个，比方说'夫道一而已矣'，又说'其为物不二，则其生物不测'。天地、圣人都是一个，怎么会分成两个？"

黄以方我问："先生讲说格物，但凡《中庸》中的'慎独'和'集义'、'博约'等观点，都认为是格物？"

先生说："不是，格物就是慎独，就是戒惧。至于'集义'、'博约'，都是普通功夫。不能说那几件都是做格物的事。"

黄以方我请教《中庸》中"尊德性"这条。

先生说："'道问学'就是用以尊德性的。朱熹所说的'子静以尊德性晦人，某教人岂不是道问学处多了些子'，这就是把'尊德性'和'道问学'看成了两件事。现在讲习讨论，下了很多功夫，无非是要存养此心，不失德性。哪有尊德性只是凭空去尊，却不去问学？问学只是凭空去问，却与德性没有关联？这样的话，就不知道如今讲习讨论的人，到底学的是什么？"

我又问"致广大"两句。

先生说："'尽精微'就是用来'致广大'的，'道中庸'就是用来'极高明'的。因为心的本体本就是广大的，人不能'尽精微'，就会被私欲所遮蔽，在微小处无法战胜。所以能够细微曲折无所不尽的话，那么私欲就不能遮蔽，自然就不会有那么多障碍阻隔，怎么会做不到致广大呢？"

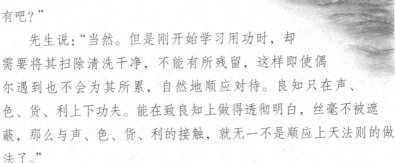

黄以方我又问："精微指的是思虑的精微，还是事理的精微？"

先生说："思虑的精微，就是事理的精微。"

先生说："如今谈论本性的人，观点纷纭争辩异同。这些人都是在谈论性，而并非是体悟了自心本性。体悟自心本性的人是不会谈论什么异同的。"

我又问："声、色、货、利这些，恐怕良知当中也不能没有吧？"

先生说："当然。但是刚开始学习用功时，却需要将其扫除清洗干净，不能有所残留，这样即使偶尔遇到也不会为其所累，自然地顺应对待。良知只在声、色、货、利上下功夫。能在致良知上做得透彻明白，丝毫不被遮蔽，那么与声、色、货、利的接触，就无一不是顺应上天法则的做法了。"

先生说："我对各位讲格物致知，每天都是如此，讲上一二十年也是如此。各位听了我的话，要切实去下功夫。这样遇到我讲一次，自己就会觉得长进一次。否则只是当成一场谈话而已，即使听了又有什么用。"

先生说："人的本体，常常是空寂不动的，常常是有感而通的。所以程颐说：'未应不是先，已应不是后。'"

一个朋友举例子说一个高僧伸出手指，问众人："大家看见了吗？"

众人说："看见了。"

高僧又将手指缩进袖子，问："大家还能看见吗？"

众人说："看不见。"

高僧说这是因为还不能见性。这位朋友对此没能理解。

先生说："手指有能看见和看不见的区别，但是你所能见的本性却一直都在。人的心神只在看得见听得到的时候有所运动，而不会在看不见听不到的东西上切实用功。而看不见听不到的是良知的本体，戒慎恐惧是致良知的功夫。学者每时每刻学习去见其所未见，常去听其所未听，功夫才会有切实的着落。时间久了，成熟了，就不需要用力，不必提防检验，真性自然不会停息。又怎么会被外在的见闻所牵累呢？"

有人问："为什么程氏说'鸢飞鱼跃'和'必有事焉'，是一样生机勃勃的？"

先生说："这话也是有道理的。天地之间生机勃勃，无非都是这个道理，就是我的良知在运行不息。致良知就是'必有事'的功夫，这个道理不仅不能离开，实际上也不可能离开。向哪里都是道，向哪里都是功夫。"

先生说："各位在这里，务必要立下做圣人的决心。时时刻刻都要做好一棒一道伤痕，一掌一片血迹的准备，才能听我说话，句句有用力处。如果浑浑噩噩度日，就像一块死肉，打也不知道疼痛，恐怕终究没有用处，只能回家走以前的老路。这样难道不是很可惜吗？"

有人问："近来觉得虚妄之想减少，也觉得并没有存心思考怎样用功，不知这也是功夫吗？"

先生说："你且去切实下功夫，即使多了些有着意的想法也不妨，久而久之就会妥帖了。如果才下了一点功夫，就谈起效验，又怎么靠得住呢？"

一个朋友叹息说:"私心萌生的时候,自己心中分明能感觉到,只是不能使其马上消除。"

先生说:"你私心萌生的时候,这个知觉之处就是你的命根,当下就去消磨,就是立命的功夫。"

"孔子说'性相近',就是孟子说的'性善',不是专在气质上说的。如果说气质,比如刚和柔相对,怎么会相近,只有性善是一样的。人刚降生时,原本同样都是善的。只是气质刚硬的受善影响就成为刚硬之善,受到恶的影响就成为刚硬之恶。阴柔的受善影响就成为阴柔之善,受恶影响就成为阴柔之恶,差别就日渐明显了。"

先生曾经对求学者说:"心体上不能有一点杂念残留,就像眼中不能进一点沙子。一丁点能有多少?满眼就都是昏天黑地了。"

又说:"这个念头并非只是私心,就算是好的念头也不能有一点。就像眼中进了金玉碎屑,眼睛也会睁不开的。"

有人问:"人心与外物同为一体。比如我的身体是血气贯通的,所以称之为同体。如果对于其他人来说就是异体了,距离禽兽草木就更远了。那么为什么称为同体呢?"

先生说:"你只是在感应的角度来看。岂止是禽兽草木,即使是天地也和我是一体的,鬼神也和我是一体的。"

那人请教详情。

先生说:"你看这天地之间,什么是天地的心?"

那人回答:"曾经听说人是天

地的心。"

先生问:"人的心又是什么?"

那人答:"只是一点灵明。"

"你可知道充塞在这天地之间的,只有这一点灵明。人只是因为自身的形体将彼此阻隔了。我的灵明,就是天地鬼神的主宰。没有我的灵明,谁去仰望上天的高远?没有我的灵明,谁去俯察大地的深沉?没有我的灵明,谁去辨明附身的吉凶灾祸?天地鬼神万物,离开我的灵明,就没有天地鬼神万物了。我的灵明,离开了天地鬼神万物,也就没有我的灵明了。这样看,就是一气贯通的,怎么会有所阻隔呢?"

那人又问:"天地鬼神万物,古往今来一直存在,怎么能说没有我的灵明,就都不存在了?"

先生说:"现在看那些死去的人,他们的魂魄飘散之后,他们的天地鬼神万物又在哪里?"

先生动身征讨思恩、田州,钱德洪与王汝中追送先生到了严滩。王汝中举出佛教实相与幻相的观点请教。

先生说:"有心全都是真实,无心全都是虚幻。无心全都是真实,有心全都是虚幻。"

王汝中说:"有心都是真实,无心都是虚幻,这是从本体上来说功夫;无心都是真实,有心都是虚幻,这是从功夫上说本体。"

先生同意他的说法。钱德洪当时还没能领悟。用了几年的功大，才相信本体和功夫本是一体。但先生是根据提问偶然谈到的，如果是我们指点他人，也不必将其当成已成定论的观点。

曾经见到先生送两三位有名望的老者出门，回来之后坐在堂前的走廊里，表情忧郁。钱德洪赶忙上前询问。先生说："刚刚和几位老者谈论我的学说，真像是圆凿与方枘一样互不相容。此道平坦得像大路一样，而世间的儒者往往是自己致其荒芜阻塞，终身困陷在荆棘丛中却不知悔悟，我都不知道该说什么。"

钱德洪回来后对朋友们说："先生教化世人，不在意对方是否衰病老朽，这是仁德之人怜惜万物的心肠啊。"

先生说："人生最大的弊病，就是一个'傲'字。做儿子傲慢一定会不孝，做臣僚傲慢一定会不忠，做父亲傲慢一定不慈爱，做朋友傲慢一定不守信。所以象和丹朱都不肖，也是因为一个'傲'字，就断送了一生。各位要时常想着这点。人心原本是一片天然之理，明白透彻，没有丝毫的沾染，只有一个无我而已。心中万不能有我，有我就是傲。古代圣人的那些优点，也只是一个无我而已。做到无我就自然谦和。谦和是众善的基础，傲慢是众恶的祸首。"

先生又说："这良知之道是非常简单易行的，也是非常精细微妙的。孔子说：'其如示诸掌乎。'人哪天看不到手掌，等到问他手掌上有多少纹路，就不知道了。就像我的'良知'两字，一说就明白，谁不理解？如果想真正地了解良知，谁又能真正了解？"

有人问："良知恐怕是没有方位和形体的，所以最难感知。"

先生说："良知就是《易经》所说的'其为道也屡迁，变动不居，周流六虚，上下无常，刚柔相易，不可为典要，惟变所适'。这样的良知怎么捉摸？能够真正透彻领悟了就是圣人。"

有人问："孔子说：'回也，非助我者也。'这样看圣人果真是希

望门下弟子对自己有所帮助吗？"

先生说："这也确是实情。大道本身无穷无尽，疑问越多，就越能显得精细微妙。圣人的话本就严谨周全，只要发问的人心中积留疑难，圣人被他一问，就将大道阐释发挥得更加精妙。像颜回那样闻一知十，心中完全理解，又怎么会有疑难发问？所以圣人也只能寂然不动，没有发挥的理由，所以说'非助'。"

邹谦之曾经对钱德洪说："舒国裳曾经拿着一张纸请先生写《孟子》中的'拱把之桐梓'那一章。先生写到'至于身而不知所以养之者'，回头笑着说：'国裳读书是中过状元的，难道真的不知道应该养身？却还是认为要经常诵读这一段文章来警醒自己。'当时在场的朋友无不警醒。"